浙江少年文学新星丛书·第八辑

海　飞　主编

素心之履

七八个星天外　著

浙江工商大学出版社
ZHEJIANG GONGSHANG UNIVERSITY PRESS

·杭州·

图书在版编目(CIP)数据

素心之履 / 七八个星天外著. —杭州：浙江工商大学出版社，2022.11

（浙江少年文学新星丛书 / 海飞主编. 第八辑）

ISBN 978-7-5178-5014-4

Ⅰ.①素… Ⅱ.①七… Ⅲ.①作文—中学—选集 Ⅳ.①H194.5

中国版本图书馆 CIP 数据核字（2022）第 111621 号

素心之履

SUXIN ZHI LV

七八个星天外 著

责任编辑	沈明珠	
责任校对	何小玲	
封面设计	浙信文化	
责任印制	包建辉	
出版发行	浙江工商大学出版社	
	（杭州市教工路 198 号　邮政编码310012）	
	（E-mail：zjgsupress@163.com）	
	（网址：http://www.zjgsupress.com）	
	电话：0571-88904980,88831806（传真）	
排　　版	杭州朝曦图文设计有限公司	
印　　刷	杭州高腾印务有限公司	
开　　本	880mm×1230mm　1/32	
印　　张	8.625	
字　　数	132千	
版印次	2022年11月第1版　2022年11月第1次印刷	
书　　号	ISBN 978-7-5178-5014-4	
定　　价	49.80元	

版权所有　侵权必究

如发现印装质量问题，影响阅读，请和营销与发行中心联系调换

联系电话　0571-88904970

个人简介

金小琰，从前的文字是阵风，吹你去我时光的梧桐叶堆里散步，叩开我随想的门，走进平桥浅渚，游历树矮云低，甚至邀请你摸一摸沾着碎石粒的青苔、浑身毛绒的木莲果、开得骄傲的凌霄。希望我阒寂的白纸黑字能轻轻系住你的目光，那是我那时那刻的所思所想。

楼思语，走过了十八载岁月，看过了山巅与谷底。曾经的文字有时平淡有时热烈，有时诗意有时充盈着儿时对世界的不成熟的理解。愿这一撇一捺书写下的随感能激起你思维的涟漪，重新品味世界的美好。

金三易，儿时的回忆在稚拙的文字里留存，那单纯的快乐恐再难重温。看一个人，看一棵树，看风摇摆叶子，樱花飘落成雨。低头回忆，总忍不住嘴角上扬。愿我儿时的文字能吹动你的心，愿你我行走于世间，未来山高水长。

金弋洋，我曾于浔溪荡漾的涟漪间品一分水乡柔情，于茶博氤氲的清香间览千年茶史。我曾透过者旨於睗剑的片片铜锈会吴越百年春秋的惊心动魄，透过水长城上的一砖一瓦赏劳动人民的智慧结晶。新的征程，哪怕文学之路上的巉岩高不可攀，我也渴望能在浩如烟海的文学世界辟一方全新的广袤天地。

王韵涵，豆蔻年华，草草用笔描摹。目之所遇，心之所及，看粉墙黛瓦，听橹声咿呀；品香茗，乐观花，流连禅趣，慕求风华；于字里行间，青涩表露，或画意诗情，或诙谐风趣，望佳人留以莞尔。愿君读之欢喜，新年来，旧年去，勿困于悲，勿惑于喜，唯祝心之所向，皆得佳音！

朱秀熙，幼时的文笔是稚嫩的，却洋溢着发自内心的怡悦，结伴走过青石板路，一同看小桥流水、老街深巷。愿这儿时写下的文字使你欢喜，你我皆不负韶华。

张骆一，从小，家里最多的是书，接触最多的就是文字，徜徉在文字的海洋里很是快乐！如今，再次翻看儿时的文字，那一份纯真的快乐再次涌上心头，触动了内心深处的柔软。曾经，很美好；如今，很充实；未来，充满期待。

　　吴芮瑶，白驹过隙，"借书满架，偃仰啸歌，冥然兀坐，万籁有声；而庭阶寂寂，小鸟时来啄食，人至不去"，古人归有光的小传便是我的豆蔻之篇。想那时，在湖畔书榭，辛夷翩翩、微风柔柔、葡萄剔透、桂香沁人、杨柳依依、飞燕轻盈……一切，自然流淌。愿你我啊！任这朝夕轮转，而天地宽广，皆不忘诗意栖居。

金小琰10岁（右一），在乌镇古月旧书店前画老冰棍儿

金小琰11岁（右一），和王韵涵、吴芮瑶、楼思语在佛堂老街红糖馆游学

金小琰（中）12岁，和楼思语、吴芮瑶画佛堂老街《老房子》

楼思语（下）11岁，和金小琰在
义乌绣湖公园画蜡梅

楼思语12岁（右一），和金小琰
在海口游学，体验摄影

楼思语9岁（左一），在湖畔书院上茶道课

金三易10岁（中上），和金小琰、楼思语、朱秀熙、王韵涵、吴芮瑶等在植物私塾童心画文游学

金三易11岁（左一），和金小琰、楼思语等小伙伴在海口游学创作

金弋洋12岁（左一），和湖畔弟子们在故宫游学创作

金弋洋12岁（右一），和王得一、何宇凡三剑客在北大未名湖畔游学创作

王韵涵9岁（右一），和湖畔小伙伴在乌镇游学画乌蓬船

王韵涵10岁（C位），和金小琰、吴芮瑶在佛堂义红红糖厂甘蔗林游学创作

王韵涵10岁（右上），和金三易、金小琰、楼思语、吴芮瑶在佛堂老街童心画文游学创作

朱秀熙11岁（左一），和金小琰、楼思语、吴芮瑶在首都师大参加全国古诗文吟诵展演

朱秀熙12岁（左一），和金小琰、楼思语、吴芮瑶在湖畔书榭教师节古筝吟诵雅集

朱秀熙10岁（左一），放学归来，和楼思语、王韵涵、吴芮瑶在湖畔书榭门口炒明前新茶

张骆｜10岁，在义乌佛堂老街游学

张骆｜10岁（C位），在武义璟园汤汤童话书屋游学

吴芮瑶9岁（左二），和金小琰、王韵涵等
在义乌桃花林游学

吴芮瑶10岁（左），和王韵涵在佛堂
义红红糖厂甘蔗林游学创作

吴芮瑶10岁（右二），和金小琰、楼思语、朱秀熙等师姐妹在古堰画乡游学晨读

内容简介

这是以空间为维度来编撰的一部文集。江南好,是孩子们行走江南水乡、古镇、山野、老街等地留下的笔记。乌伤是大多数孩子的故乡,四季更迭中,浓浓的乡情跃然纸上;乌镇是孩子们最美好的回忆,在他们尚且称得上年幼的年岁,那里的一草一木一家一户,都留下了他们稚嫩的足迹;西塘、南浔、杭州、璟园,一路走来,他们的文字,随着年龄的增长,愈加老练,他们的感慨,也随着视野的开阔,愈加深邃。他们渐行渐远,走到了海之南,走到了国之北,一路走着,一路写着,于是有了这本叫作《素心之履》的文集。

总　序
见字如你

　　斯巴福德在《小书痴》中写道："有时候,一本书进入我们恰好准备好的心灵,就像一颗籽晶落入过饱和溶液中,忽然间,我们就变了。"而现在,在我们眼前展现的,是一群优秀的少年写作者的作品,稚嫩中有才华,笨拙中见灵性。

　　一本书,一本由孩子自己创作的书,给予我们更多的思考。文学创作本身具备的魅力正悄悄随着童年、少年、青年的自然生长期而萌芽、生长、繁衍。这种全新的生活体验,正与他们文字成长的速度同步记录和保存。我们感动于他们钟爱文学的热情,体察出他们因大量阅读文学作品而心灵丰盈、下笔生风,而由写作生发出的那种源自内心和诉诸稚嫩笔端的气息,更让我们为之动容和珍惜。真的,没有一个孩子的生活是一样的,哪怕写同一篇文章,也会有不一样的内容。《发现·世界》的作者周昊梵,在记录旅游时的见闻、和父母的亲子互动、难忘的校园经历以及对文学的思考中，就描绘了一个个美好而珍贵的周式童年缩影。但热爱文学、喜欢写作的孩子有一样是相同的，心怀美好，传递美好，想象美好，创造美好，生活和世界，均在此列。所以当一名中学生独自去到异国他乡，文学创作依然是她同行的挚友，徜徉于东西方文化碰撞下的生活环境，写下了记录留学生活的《一路行走一路歌》。"虽说世界庞大，却仍想在这纷扰喧嚣的人群中留下些许痕迹；即使文字稚嫩，也依旧想用真性情，执笔墨书写真我。"这是一直没有停下书写文字步伐的一然，在作品第二次入选"浙江少年文学新星丛书"后，对文学最倾心的表白。

入选"浙江少年文学新星丛书·第八辑"的全部15部作品，从内容来看，有纪实小说、国外留学生活记、个人生活旅行记、研学手记、语文单元习作的升级作品、小故事等。这些融合生活和学习故事的习作集，以校园故事、身边的人和事、父辈的追求、中国梦四大主题为主的年代感极强的作品、初具雏形的小说，让你看到一个同样的世界里不一样的心灵感悟。用文字记录生活，并没有写成流水账；想象性作品在现实基础上对于这个世界的感知与想象既大胆又具有创新性；记录童年生活里的点点滴滴，有情怀有故事有功底，叙述平淡里有曲折，引用典故而能生发意味；习作有向作品的美好过渡和提升，有模仿痕迹但也有不同的见解。文章亦庄亦谐，亦古亦白，语言精雕细琢也有童真童趣；抒情大胆而细腻，感情恰到好处，收放自如，转折与衔接处也有刻意与盈润的笔触。比如同样是因为文学征文比赛而钟情写作的南皓仁、吕可欣，作品有各自不同的特色：南皓仁的作品《不规则图形》包含了多种文体，题材丰富多彩、文字成熟老练、想象力丰富；吕可欣在写作《春曦》时是用她的童眼去观察这个世界，用童心去感受身边的人和事，用童言来抒写她的感受。这里面有童真、童趣，有温暖人心的文字，更有来自灵魂的拷问。他们介入世界与生活的脚步有点快，又看得出有认真充足的准备，字如其人，是真的。少年的你，多少年后，你自己来读一读，还是全新的一个自我。真好！

我常常在想，到底是怎样的初衷，能让十几岁的少年，安静地将成长的行程一字不差地记录和感喟。他们所写的生活，有春夏秋冬里细心观察的所感所悟，有现代时尚生活的体验，有在长辈回忆的生活里的感叹和想象中天马行空的生活，最神奇的是，一个小物件都能写出各种不同的故事。少年行的《童真年代》一帧帧都是孩子们纯洁的童真年代的真实写照,是一曲曲质朴无华的童年之歌。桐月六小童的《彩色的天穹》里有孩子们处在乡村与城市之间的最真实的心灵写照与思考。《时光里》"镌刻"着时光少年的烂漫友谊和温馨童年的美好印记。《行走的哲思》里湖畔四少为我们分享了研学中的所见所闻、所言所行、所思所想,既有深入的对历史的剖析,又有对自然的观察与探索,文笔恣意洒然,未来可期。两三点雨山前用文字记录了她们生命中最初的美好,也记录了她们生命中最初的思考。短短的篇幅,回味绵长,或许真的能品出《时光的味道》。读《素心之履》,你能欣赏到江南水墨长卷般的书生意气,乌镇、南浔、西塘……搂着这样的小镇,感受日日夜夜的人文沉淀的浑厚,那不是一场旧梦,是俗世烟火气息下一个个真实的自我。七八个星天外,以文字采撷遥不可及的历史,呈现的却是眼前的幸福与美好。

　　写作有起点,有创作方向,有个人的审美追求和价值观。当你的创作代表了人类社会大众的普遍方向,当你虚构的世界引起了人们的关注,当你描述的真实在隐喻和暗藏中悄悄生长,当你的文字代表了一种生命物质……你会发现,很多事物都不一样了。生在杭州,长于钱塘的梁熙得,以一部《鼹鼠先生的春日列车》,将脑海里的奇思妙想,用让人眼前一亮的妙笔生花全部装载。"以梦为马，路在前方。以写为乐，自由畅想。海豹，它有一片海洋。"这是多么自信的童年宣言！诸葛子誉的纪实型小说《稚拙的日子》用真实的笔触，写下了生活的经历和对生活的简单观感，勾画了一个稚拙有趣的童年。徐诗琪在《冒傻气的小红鼠》中更是塑造出了一个个性强、爱出风头，同时也富有正义感和责任感的孩子形象。樊雨桐写的城市女孩则个性独特，惹出一些啼笑皆非的事情，由此有了一段不一样的童年。细细感受《不一样的童年》，你也许会找到你童年里的不同和相似。小作者们在创作道路上的探索和追求，着实引人感动。

　　宙斯为了在广阔的宇宙中创造人类，与普罗米修斯进行了艰难的旅程。他们寻找黏土的途径到现在还是众说纷纭：有人说，他们是从色雷斯草原一路东行到小亚细亚，最后在位于底格里斯河与幼发拉底河之间的丰饶之地找到黏土；也有人振振有词，表示他们是南渡尼罗河，穿越赤道，最终在东非得偿所愿。不管经过怎样的跋涉和攀登，最后宙斯决定让雅典娜轻吹一口气，赐予这些成型的泥人生命。在时代的洪流里，我们坚持做这套丛书八年，其间的过程百转千回，在网络科技发达的今天，希望我们的坚持加上你们赋予这项事业的灵气给予我们追寻文学持久生命力的源泉。

　　有的作家，他写的作品就如一辈子精心于一类特殊工艺的手艺人一样，作品中有一种固定的地理，一种永远不变的时段，一直让人感觉是在童年时期。而青少年儿童自己创作的作品，并没有定型，但你也能看到很多类型、方向、文本的雏形，他们在模仿、在创造，也在改变，更在颠覆。不难发现，在阅读，无论电子书还是纸质书，越来越快地改变人们的同时，读同龄人的书，由自己写出一本书，已然成为一种趋势。曾经的少年不再是那一群只知道玩滑板、打篮球的小孩，也不再是抱着芭比、沉浸于cosplay、穿着洛丽塔的少女，他们正在以成年人的视角和语感诉说和表达对这个世界的看法和诉求。就像赵蕴桦在《灼灼其华》中所说："我的作家梦，是从阅读开始的，阅读更广泛，更深入，写作热情就持续高涨。我期盼每个周末和暑假的来临，那样我可以走更远的路，赏更美的风景，考察更深厚的人文底蕴。我的作品是我小学毕业的纪念，未来，我期待着成为真正的作家！"如果你想了解少年们在想什么，最好的办法也许就是看看他们写下了怎样的世界，以及对世界万物的看法。那些无法言说的都借助文字来喷薄，借由这个口子，架构了我们与他们之间的桥梁。希望，真诚的心灵交流与沟通，从此变得容易。

世界本来就很美，我们想方设法带给这些御风的少年一个美好的世界，而在他们眼中，美好的世界可以由自己界定，由写作与这个世界建立最好的联系，由此在成长的道路上哺育出更美丽的生命之花，何其有幸！见字如你！

向所有看到这些文字的大人和孩子，致敬你们曾经以文字和写作创造的美好快乐的童年及世界！

海飞

2021 年 12 月

序：行走的精彩和力量

　　把孩子们带到广阔的天地里，用眼睛和心灵去凝视、去感受、去探究、去发现、去遐想，再用手中的笔去画、去写，由此诞生了一篇篇稚拙却精彩的作品，汇聚成孩子们的一本本小书，这是湖畔书院"童心画文"研学模式的美好成果。

　　湖畔书院的研学，起源于创院院长丁宁老师读书期间的第一份兼职职业——20世纪90年代的教育报编辑，从图文结合排版设计到"童心画文"教学研究，从省级课题立项到全国新课程改革课题获奖……自2008年创办湖畔书院，深入开展"童心画文"研学探索，又与青年女作家三三老师及几个志同道合的作家、画家们携手合作研究课题，从此真正开启"读万卷书·行万里路"的研学历程，将生活体验、自然观察、人文探究、诗词吟诵、文史导读、绘画创作、研学手记等多种研究性学习方式融合成一个独特的课程——"童心画文"文化研学。

湖畔书院的老师们带着一批又一批的孩子,一边开展主题文史导读,一边进行实地考察体验,一年又一年地行走在研学的路上,让孩子们用图画和文字记录一次次的所见、所闻、所言、所行、所思、所想,用心感受行走的精彩和力量,也曾带领孩子们追随《中国国家地理》杂志编辑们考察的脚步,绘制撰写当地风土人情。

孩子们的脚步,随着丰富而有趣的研学,变得越来越坚定有力,他们自如地穿行在上下五千年,漫步于大江南北,畅游在悠悠历史长河和广阔的天地之间。很多时候,他们像极了不知疲倦的"徐霞客"和"唐玄奘",不论烈日炎炎,还是寒风呼啸,背着沉甸甸的资料,背着沉甸甸的画本,背着沉甸甸的食物和水,在大街小巷穿行,在人群洪流中穿行,在山林草木间穿行。他们在博物馆中耐心地求证一字一句,在荒山野岭细致地观察一草一木。他们目光如炬,对这个世界充满探索的欲望,充满记录的热情。难怪孩子们笑称:有一种游学创作,叫披星戴月。

孩子们的笔下,由此有了比同龄人更为丰富的阅历,有了比同龄人更为厚重的情感,有了比同龄人更为深邃的哲思。一次次出发,一次次行走,一幅幅图画,一篇篇文字,他们在阅读、行走和创作中拥有了不一样的成长经历。

他们并没有将眼光仅停留在科普、博物、美学、文学这些特定的知识领域,而是通过研学行走记录,在自我生命教育的历程中,完成童年美的库存。于行走中体悟现世,于自然中观照自我,以自然教育、人文探究的理念和方式,探索完善人格发展的道路,追求教育的永恒价值。

汤 汤

2022 年 1 月

目 录

江南好·乌伤

江南好·乌镇

江南好·西塘

江南好·南浔

江南好·杭州

江南好·乌伤

一枝辛夷独秀春

吴芮瑶

从前有一种花,叫作辛夷花。她长得和玉兰花很像,但她不是玉兰花,因为玉兰花是米白色的,而这辛夷花是紫粉色的,于是人们也叫她"紫玉兰"。

辛夷花细看像穿着紫粉衣裳却又露出白肚皮的淘气小孩,花朵上的每一片花瓣都显得那么与众不同、独一无二。这片像士兵直立,那片是妖娆的芭蕾舞者……而且辛夷花的开花顺序也与别的花不同。在花的世界里,几乎都是先长叶,再长花,然后结果,而辛夷花却是先开花,再长叶,然后才结果。

辛夷花,名字虽然是第一次听见,样貌却好像早就见过。在绣湖公园看到她,感觉一点也不生疏,像老朋友一

样,有种重逢时的喜悦之情。屹立在过道旁的三棵辛夷树,枝头压满了大大小小的花,树下落英缤纷,远远望去,就像一片粉红的蝴蝶群,每只都立在枝头,久久不肯飞下来,来享受草地、叶子的乐趣。直到下了雨,这些"蝴蝶"才无可奈何地"飞"下来,那时,枝头只剩一片翠绿的叶子了。

辛夷花的花语是"爱"。说明种上这花,便能让人感受到这世界上的温暖。她将帮助人们及时抹去生命中的不快,让喜悦心充满心灵的窗户,真是一种非常美好的花。

若是把辛夷花播种在山间云雾迷漫的地方,那就再合适不过了。这仙女般的花朵配上云雾的缭绕,那可是美不胜收啊!或是将花朵迎着阳光细看,显得格外轻巧,格外透明,花瓣上的丝丝纹路,别致华美。这时辛夷花就不像原来的她了,成了"仙子",让人流连忘返。

我喜欢这花,这辛夷花。

风来了

吴芮瑶

花摇了,草动了,树迷糊地醒了,风来了。人的头发飞了,手上的帽子也随风而去了。裙上的长丝带跳着轻快的舞,衣服紧贴着身体,风来了。

风静悄悄地迈着小碎步,忽闪忽闪地来到世界上某个事物的身边,像是调皮,像是捣蛋,像是在恶作剧。"呼啦——"一长声,一切都散开了,来了一次刺激的飞天行记。

微风是位姑娘,轻柔柔,静悄悄。瞧,步伐淑女,长衫翩翩。她莞尔一笑,轻轻地将你的头发拨弄到脸颊上,像温柔的母亲的大手抚摸着。

狂风是位暴躁的中年人,一发脾气,世界就变得混沌

不堪,不分青与黄了。他粗糙的大手,像发了疯,大街小巷的大树、花与草,都变得狼藉。而更令人气愤的是,这风不顾人们的苦苦哀求,还和大雨结伴而来,雨夹风,更使人措手不及。啊,狂风是夏天的台风!风乱了大街,乱了人们的头发,乱了形形色色的植物,它们在狂乱中想抓住点什么,可是,什么也抓不住。

吹面不寒杨柳风,哦,那是春天的风,那样的心平气和,不慌张,不着急,送来舒心的淡淡香气,蕴藏着泥土的味儿,带给人们的只有美好的心情。夏天,骄阳当空,最舒爽的是来一阵清风。火热的大地上,植物、动物、人,到处都在渴求风的到来,这时倘若吹过一阵凉凉的、透气的、满带着绿意的风,真有一种说不出的惬意。秋天的风是香甜的,将大地、果实,还有农民的汗水和欢笑,统统装进这个风的袋子里,呼啦——,丰收的喜悦顿时传遍了每个角落。冬天的风呢?是冰冷无情的西北风,呜呼——呜呼——,到处闯荡,到处咆哮,怪不得那些小动物要躲进地洞里冬眠,谁抵挡得住这刺骨寒风?

风呀风,你可真多变!

山茶花，胜利花

张骆一

　　宋朝诗人陆游曾在诗中写："东园三月雨兼风，桃李飘零扫地空。唯有山茶偏耐久，绿丛又放数枝红。"嗯，不错的，在这细雨绵绵的阳春三月，山茶花显得格外耀眼。一朵朵，一丛丛，都各不相同，我最喜欢的要数淡粉色了。

　　这种花的叶子绿油油的，经络近看特别明显，远看也可粗见一些。在这枝干上抽出了嫩叶几小片，可惜这已是被折之花，那几片嫩叶恐不久便会枯萎。说了半天该说花了，这花花瓣一片叠着一片，重重叠叠的，把花蕊藏得严严实实的，让人摸不着头脑。在整朵花的最中间似有非有地存在一个"含苞欲放"的"花苞"，用手把它掰开，里面什么也没有。从花的后面看花，原本凌乱的花瓣变得整齐有

序。在花后面的中间,有一个跟花和叶比较起来黑不溜秋的东西,一问才知道,这东西叫花托,长在旁边的几小片淡绿色叶子叫花萼。在观察时偶尔掉了几片花瓣,拿起来一照,原来山茶花的花瓣没有透光性;拿起来一摸,这花瓣越里面的越厚,越外面的越薄;把花瓣一撕,里面的汁多,外面的汁多黏稠。还有一种很有趣的山茶花,它的花蕊就是这么一大簇,其他地方一根也没有。花瓣是大红色的,跟李渔形容的一样,这颜色红得如同朱砂。一枝一枝看,有些山茶花像一位亭亭玉立的仙子,有种出淤泥而不染的气质;还有的像一位充满活力的少女,穿着大红的衣服在翠绿间嬉戏;还有的像遇到挫折的青年,在深绿中垂头丧气……

山茶花又叫胜利花,绝对是因为开得灿烂、开得久,让人觉得它不会愧对这一美称。

又是海棠花开时

王韵涵

  春夏之交，又是海棠花开的时候了。公园里，枝头上，时不时会看到几朵娇小的、惹人爱的海棠花。

  海棠，常见的是西府海棠、贴梗海棠和垂丝海棠。

  我最喜欢的为西府海棠，也许是因为它那满身好闻的气味吧！西府海棠，在公园挺常见的。拨开嫩绿与深绿错杂在一起的树叶，三五朵紧紧挨在一起的海棠花映入眼帘，多了份楚楚动人。西府海棠多为粉白色，外粉内白，一片片小巧玲珑的花瓣粉而不艳、不俗，似透明，又好像带着份浓厚，一点点向外延伸，舒展着，如同聚在一起的彩蝶，将自己美丽的双翼向外展开。不仅花漂亮，更吸引人的是花香。那香气带着春日的生气，带着夏日栀子花的味道，

带着秋天硕果的甜意，还加上了冬日蜡梅的飘香。有香味，却不浓，淡淡的一层，停留在鼻前。

　　西府海棠只是我喜爱名单中的No.1，有了这个开头，那肯定会生出个No.2——贴梗海棠。这也是个灵动的花名，但这种花与平常的海棠不同，它的花朵贴在梗上。一看见这花，就觉得它一定是被施了什么魔法，或许是花儿和梗产生了浓厚的感情，都不愿分开了，这奇特之处是家族遗传的吧！一身透亮的红色是春的色彩，在贴梗海棠身上显得这样明艳欲滴，是红得欲滴。

　　又是海棠花开时，满树的海棠，五瓣，三瓣，风一吹，一瓣也不曾留下了，花落，仿佛转身一遁，遁到了一片艳丽的花海之中。

栀子花开了

金三易

今年的栀子花开了,虽说还没有全部开放,但小小的几朵,也足够让人心醉。

我面前这一小盆栀子花,还只开着两朵:一朵大,一朵小,一起开放在一个枝头;一朵白,是"复类雪封枝",显得纯洁美丽,一朵略黄,显出高贵端庄。它们被众多叶子拥着,像是受着众人的保护,多么温馨的画面啊!

阵阵凉风吹来,将花香送进我的鼻子里,送进万物的鼻子里。可谓是"尽日不归处,一庭栀子香",我看不见香气,但香气确是进了我的鼻子,我的嘴,我的耳朵,我的眼,这是多么香甜,多么美丽,多么浓郁的花香啊!空气与时间仿佛是凝聚在这浓浓的花香中了。我觉得头有些晕,心

却又很轻松,这是多么美妙的享受啊!

此刻,我又想起了栀子花的另一种味道。在餐桌上,奶奶将炒好的一盘栀子花端了上来。这时,花香已被冲淡,一点都没了,转而散发的是菜的香味。奶奶乐呵呵地看着我狼吞虎咽地吃着栀子花拌的饭,也盛了饭,与我面对面地吃起来,时不时看看我满足的样子,然后接着吃,吃得很开心呢!现在,看到开花的栀子,我不禁又想起这种暖暖的味道来。

栀子花还有另一种更悠长的味道。我的手捏着一颗栀子花的果实,是今早老师们从药店买来的,它五彩缤纷的颜色,瞬间让我有了一份思念的感觉,是让人觉得很舒服的热烈的思念。

掰开来看,栀子花的果实好像是分成了两半,但事实上是连在一起的,象征着同心与爱情。

在这夏天,这栀子花开的夏天,我闻着花香,听着花语,于是就想到了这许多,回忆起了这许多。

这浓浓的花香啊!在花香中,我写下了这些文字。

栀 子

朱秀熙

现在正是栀子盛开的时候,门外的栀子虽不是香飘十里,但这味儿却是一种淡淡的、清清爽爽的感觉。我趴在一盆栀子前望着它,它颜色淡淡的,仿佛是天中仙子一般美,与世隔绝,有着绿叶的衬托,更体现出了独树一帜的美,静静凝望着。它似乎也会说话,也有着人一般的生命,它在向我点头,微笑。深吸一口气,栀子特有的淡雅的香,随着空气进入我的鼻腔,慢慢流进心中,这个味道就算反复闻也不会厌恶,似乎在我的心中种下了一颗种子,一颗约定的种子,约定好,不管在哪一年,只要在这个季节出现,就一定要来看望它,这是它与我之间的约定,也是"朋友"之间的约定。

　　栀子的模样也是一个让人们对它爱不释手的原因。当它还没有完全开放的时候，是一种十分可爱的模样，花瓣微微内卷，含苞欲放，全部花瓣像是一个小女生见到爱慕之人时，羞涩地不敢抬头。而微微开放时，又像是在恋爱中的女子，既小心翼翼又十分大气。全开的栀子，则如一对爱人，相依相守一生。正因为栀子的美、香，样子如此动人，才引得唐朝诗人杜甫对它的高度赞扬："栀子比众木，人间诚未多。于身色有用，与道气伤和。红取风霜实，青看雨露柯。无情移得汝，贵在映江波。"

　　栀子有一种不符合世俗的气质，它没有牡丹的华丽娇气，不像菊花的典雅，也没有玫瑰的艳丽可爱，可就是有一种让我着迷的气质，可能栀子花的花语是"爱的约定"和"执子之手，与子偕老"吧。

盆　景

朱秀熙

　　进入祇树园,放眼望去,绿莹莹的一片,各种各样的盆景,或大或小,大约有两百盆。我走到小巧的盆景前,一个个小巧可爱的盆景,让人应接不暇。我一眼相中了面前的多肉植物,虽我平时见到的多肉植物也多,乍一相见,却未认出来。听叔叔说它是多肉植物后,平时常与多肉植物在一起的我,竟有点羞愧,但更多的还是惊奇。

　　多肉植物与木本植物有着天壤之别,它是以其厚实充满水分的叶片来展示它独特可爱的美的,让它像是天然雕琢的工艺品,令爱花草者爱不释手。多肉就像是一个白白胖胖的娃娃,我看中的这一盆在多肉中应该也算小了,如果不仔细看,根本不知道它的叶片有几瓣。我把它捧在手

中,细细看着,竟入了迷,它似一个可爱的小姑娘,又似一个充满活力的小伙子。它的叶片十分饱满,像装满了水,鼓鼓的,那是多么旺盛的生命力啊。

祇树园中除了小型的花草,大的也有很多,浓密的树叶让人十分养眼。如果放一盆到办公室中,工作之余,看看绿色的植物,也是一件令人开心的事呀!

听着鸟儿叽叽喳喳的悦耳"歌声",闻着沁人心脾的清香茶味,我再次步入花草的世界,目之所及,令人忍不住吟出孟浩然写的"春眠不觉晓,处处闻啼鸟",一个满是春色与生机的世界,多么令人心旷神怡。

环 之 景

金 三 易

其 一

大约九点时,丁妈回来了,还带着许多个铁环回来,铁环一到我手里,我便迫不及待地开始试玩。

刚开始,我一点儿都滚不起来,架好姿势向前冲,没几步便让铁环歪倒了。我在心里想,这可真难啊!

但是渐渐地,我掌握了技巧,滚的时候要让铁环靠着杆。

月色皎洁,地上的石头也不热了,人也来了好几拨,可我依然乐此不疲。

三姐和晋哥还在陪我玩,我们进行滚铁环比赛,我总

是最快的那一个。三姐跑不动了，就回屋休息去了。

明月挂高空，顽童戏铁环，晋哥和我一样不知疲倦。

我们各站一边，让铁环滚到对方那儿去，晋哥的铁环滚得飞快，总是让我接不住。

真是个"滚滚来无影，速速去成风"！

晋哥终于支撑不住了，没有人陪我玩，我便也回了大书吧。

月亮还挂在天边，云还在慢慢地飘着，晚风吹来还是凉凉的，但那欢快的笑声已经远去了，只听见虫子的鸣唱……

其　二

太阳受不了劳累，匆匆地回去叫月亮值班。

青石板上的余温未散，我们的心情也是如此。

游客少了，他们躲到了酒店里。

但那欢快的笑声却不肯离去，快乐的心情也缠着我们。

一块块石板被太多的人踩过，留下了岁月的痕迹——凹凸不平。

许多个铁环在石板路上摩擦着，发出"吭吭"的声音。

我的身不在佛堂,心已经开始撒野了。从照片中不难看出,楼老师奔在最前头,定睛一看,脸上堆着坏笑,手提得高高的,铁圈成了神仙,一直飞在空中,好似一个被提起的婴儿,又像是哪吒的风火轮。

照片又引起了我的遐想:若是我在的话,我一定是跑得最快的那个,因为当天我还不会滚,也许铁环一丢就甩到终点了。

照片中,除了楼老师外,好像其他人都是慢慢滚的,大多滚得歪歪扭扭的。

丁妈在其中可谓是大师了,她弯着腰,低着头,紧盯着铁环,偶尔瞟一眼前面,紧握着铁杆,把铁圈往前推,好似风一般。

小石榴手里拿着拨浪鼓,坐在地上助威,嘴角挂着傻笑,仰面朝天,露着甜甜的小酒窝。若是我在该多好!

有故事的老火车站

朱秀熙

拨浪鼓小镇是一座连着火车站的小镇,这个小镇十分平和,可是这一份平和中往往也会出现一些不和谐的景象。在一片美丽的店铺中出现了一家十分破旧的店,屋子上有一个大裂缝,是因为长年累月的风霜雨雪留下了痕迹,一旦下雪下雨,裂缝的口子就越来越大。每到夏天,屋内就闷热不堪。冬天呢?又十分寒冷,让一些来访的顾客根本不愿意去这家店待着。

可是这家店的主人依然十分乐观。每当车到站的声音传来时,老奶奶就会开始叫卖:"卖花了,卖花了,漂亮的花朵!"可是很多路过的人,都只是瞟了她一眼就走了。

有一天,一个亿万富翁来到这个小镇,他想把自己的一部分钱赠给这个镇上最善良的人。他装扮成了一个捡垃圾的穷人。

起先，他找到了一家衣服店。刚一脚踏进去，老板娘便走过来说："你这么臭，这么脏，走到我这么漂亮的店里，我的店都要被你弄脏了，你赶快给我出去！"他也不好逗留，只好出去了。接着，他又来到一家皮鞋店。皮鞋店老板只是看着他，可当他要摸皮鞋时，老板开口了："不买就出去，别摸！摸脏了我就卖不出去了！"富翁又只好走出了这家店。当富翁走到老奶奶的店里时，老奶奶问他："你怎么了？"他便装着回答道："我很饿，可是没有钱买东西吃，我到哪家店，哪家店就赶我出去。"

老奶奶见他这么可怜，可自己也没有什么钱，便把自己带来的馒头分了他两个。等老奶奶把吃的递到他面前时，他连声赞道："谢谢你，谢谢你！你是这个镇上最善良的人，我决定把我的钱赠送给你。"从此，这家店不仅变得十分漂亮，而且有很多人来买她的花。

所以，善良才是真正的财富。

葡 萄

吴芮瑶

　　一盘珍珠似的葡萄，装在透明的玻璃盘里。在玻璃的倒影中看见淡淡的影子，玲珑剔透。

　　葡萄是世界上最古老的植物之一，它起源于欧洲。古时候的人们把葡萄称为蘡，意思是野葡萄。人们虽然发现了蘡，但是并不会种植这种植物，直至张骞从国外回来，带回了葡萄种子。当时是汉武帝时期，汉武帝很喜欢这种水果，便在城门的一圈里都种上了葡萄。葡萄就这样在中国扎下了根。

　　现在全世界共有八千多个葡萄品种，而中国占有八百多种，遍及大江南北。

　　葡萄是一种含水量很大的水果，不仅果实中含有大量的水分，茎叶中也有很多很多的水。汪曾祺的文章中就有写到过种葡萄要灌满池的水，而且要不断地浇水才行。葡萄还真是个口渴的娃娃。葡萄的皮通常是深紫色或者黑色，但是里面的果肉却是淡绿偏白，甜甜的。葡萄的果肉很软也很顺滑，皮上撕开一道小口，用嘴猛地一吸，那小小的东西马上就溜进嘴里，偶尔会有一粒两粒的籽儿，剩下的则全是脆嫩甘甜的肉、汁，一种令人满足的甜蜜感迅速传遍全身。

葡萄酒也是古时候好酒者的挚爱。王绩的《题酒店壁》云："竹叶连糟翠，蒲萄带曲红。相逢不令尽，别后为谁空。"可见，王绩是个很爱品酒的人，对葡萄酒更是非常中意。李白更不用说，人称"酒仙"。许多千古流传的诗篇都是李白在大醉的时候写下的，在《襄阳歌》中有云："鸬鹚杓，鹦鹉杯。百年三万六千日，日日须倾三百杯。遥看汉水鸭头绿，恰似葡萄初酦醅。"李白啊李白，想象着把江水全部都变成葡萄酒，每天喝三百杯，他是多么地爱喝葡萄酒啊！

现在，葡萄不是十分稀有的了，葡萄酒也遍及世界，这红色的血液般的酒，曾经滋润过多少文人骚客的心啊！

我还太小，不能喝酒，还是细尝尝手中的葡萄吧，真甜啊！

雨落一桂

吴芮瑶

　　雨，无声无息地落了下来。"滴答，滴答"，一排桂树上流下了晶莹的水滴。

　　桂花，在秋姑娘的微风中静静开放了。桂花的品种不多，但每种都有自己独特的风格。丹桂呈橙红色，金桂呈金黄色，而银桂是纯净的洁白色。桂树的叶子不大也不宽，一身浓绿，与这花一配，天衣无缝。桂树的枝干不像樟树那样笨拙，而是在灰白的树皮上，点上一颗颗雀斑。桂树的外形讲完了，接着当然是要说说它清淡的香气。桂花的香并没有栀子花那么浓郁，那么引人注意，只有走近它，使劲吸一口气，才会闻到蕴藏深处的淡淡的清香。那香从鼻腔一直蜿蜒到心里，难以忘记。

这一排立在湖畔书院门前的桂花，早在前些日子都被风吹落了，唯独一棵在书榭旁最让人安心的角落的桂花树例外。这树，当其他兄弟姐妹都不得不凋零时，它依然挺立着，让孩子们来摇它，跟它嬉戏。然后，心甘情愿地在孩子们的笑声中变成一块块精致小巧的桂花饼，变成一杯杯含香带甜的桂花茶，以及香醇的桂花酒……

　　杨万里的诗中写道："不是人间种，移从月中来。广寒香一点，吹得满山开。"诗中的桂花好像是从月宫中移植到人间的，显得是那样神圣、庄严。或许真的是嫦娥在月宫中撒下几片金桂、丹桂或银桂，而使人间有了这样的花——桂花。

　　雨中的金桂，也别有一番韵味，远看是朦朦胧胧一片的金黄与翠绿，近看是湿漉漉鲜明的小黄花。微风轻轻拂过桂树，一树的花与叶轻轻颤抖起来，雨落在树叶上，一滴滴水珠像小宝宝一样躺在绿叶摇篮中，风吹过，也不容易掉落。一簇绿，一簇黄，交替着在灰白的细细的树干上出现，像精心的画家专门为秋天所描绘。这个充满金黄、充满花香的季节！

　　一排绿黄的影子，一场下得淅淅沥沥的蒙蒙细雨，迷迷茫茫，若隐若现，所有的色彩变得更为迷离，所有的香味也变得更为清冽……

桂香秋月

楼思语

　　秋,悄悄地来了。桂,就是秋最好的象征。星星点点的桂在秋风中渐渐盛开,盼了许久的桂终于腼腆地、红着脸颊开了。书榭前的一排桂树也都缓缓开放,乐曲似的,先来了个前奏,开出了一朵娇小的花,虽不是许久,但也甚是好看。过了没多久,乐曲最好听的部分朝我们走近,枝头上的叶片下,藏着许多簇拥在一块儿的花,好似在谈论着什么,却又各有各的不同,有的悠闲自在地卧着,有的又似在梳妆台前打扮,有的还在与对方说着悄悄话……阳光下的桂,是开朗大方的,与阳光挥手似的,让人不看都能陶醉在这段路上。人来人往,悠闲的人,放慢脚步,细品那其中的韵味,连行走匆匆的上班族也停下脚步驻足痴望。夜晚,灯光并没有把桂的颜色给隐过,而是让桂更灵动,一排的桂更是让人痴了。桂,不似那唐朝的大家闺秀,却如宋时的小家碧玉,无重要之事时,不崭露头角。那么娇小的花朵却能发出如此强烈的香味。书榭前的桂树毕竟没几棵,不及杭州城香飘十里,但在不远处也能闻见淡淡的气息。

桂花盛开后,采摘桂花还是不能够满足大家,就摇,真如琦君写的这么好玩吗?爬上后,使出最大力摇桂花,一把蓝印花布雨伞接着那金黄的桂,站在下面的人可好玩了,满身都是桂花,拍掉后也染上了这味儿,好久都不散。桂花,远观就若隐若现了,金黄与鲜绿混在一块儿,无比动人。近闻,那味儿香得扑鼻,似一个个可爱的小精灵在树下跳来跳去,如与菊相媲美,菊应当自愧不如,而桂却是名副其实可以戴上桂冠的。正如李清照《鹧鸪天·桂花》中写的:梅定妒,菊应羞。画栏开处冠中秋。

乐曲的尾声,秋雨的来临,让看得正欢的我们一下失去了雅致,雨后,在桂树下还有桂的余韵。

秋之赋

朱秀熙

凄清早霜降,淅沥微风起。霜降,顾名思义,天气渐冷初霜出现,意味着冬天的开始。在霜降来临之前到林间走走会有诗意。

漫步于山间,抬起头来,层层叠叠的山林,显出不同层次的色彩,经风霜后的树林,是那样的庄重、深沉和含蓄,林中的每一片树叶,都变得成熟而优雅。林间的小道上也铺满了落叶,使得每一声脚步声都像在与大地窃窃私语。这一刻才会觉得与世隔绝,才会真正地觉得和大自然融为一体,或感觉自己就是一棵树,经历风雨,饱含风霜。"月落乌啼霜满天,江枫渔火对愁眠。"这样的秋色让我们的心中不由自主地生出许多无奈与悲凉。在霜降到来时,许多对时节敏感的小虫小兽，也匆匆忙忙，往自己的小巢里搬运食物。它们不喜欢与凌霜傲雪做争斗，只想把洞口堵起来，懒懒地睡一觉。一觉醒来，又是和和美美的春天了。

霜降时的植物十分美，一株株植物上立着一颗颗由水演化成的霜，它们静静地贴在植物的边缘，像是刚出生的婴儿依偎在母亲的怀抱中一样，迟迟不愿掉落下来与大地为伴。今年林中的秋天是整齐划一地铺上金黄的银杏叶，似乎在酝酿着沉静之后的觉醒。

霜降时的天是湛蓝的，空气中会带一点点潮湿，还会带一点点泥土与青草的气息。我望着这蓝透了的天空，心中莫名地多了一份凄凉和悲伤。

碧天映柿霜枫韵

王韵涵

"秋月当天,纤云都净,此身如在水晶宫里。"蓝天映衬着远处大片的红意,千万点红迷迷糊糊,仿佛是一体之躯,转头一眺,无数"红灯笼"高挂枝头,时稀疏,时紧密。

空气欲冷,唯让人觉着暖心的便是数不尽的红枫了。一树紧连着一树,似火花跳跃般。走近了细看,姿态并无梅树那般虬曲,也不像桂树那样笨拙,树干不粗,却极为有型,不是向右倾,就是向左扭,颜色有的深像泥土,有的浅似咖啡。

枫叶的大小不一,叶瓣也有所不同。阳光直泻而下,枫叶的纹理被细细照出。正因如此,更觉得它是透明的,只隔着一层红纱。

伏在窗边，今天的晚霞离得非常近，近得触手可及，近得似乎感受到了它的一呼一吸。别过头来，看见木桌上摆放着的柿子，思绪又飘向了远方。

甜甜的香气扑面而来，顺香而去，寻寻觅觅，眼瞳中映出的是几棵结着甜柿的树。颜色比火更胜一筹。柿子底部单看是暗红，越往上才发觉渐渐变成了大红，到顶端竟变成了金橘色，让人越发想咬一口。甜甜涩涩，就在触碰味蕾的一瞬间，秋意从舌尖弥漫至全身，甜蜜得清冽。

忽然发现窗外的小草上覆了一层若有若无的白色物体，原来是霜。草上有一片不起眼的枯叶，它的边缘泛着点点白意，那枯叶仿若是秋捎下的信，而霜又似冬写下的字体。霜的白渗透了黄，渗透了绿，远处星星点点的红仿佛在下一秒就会化为毡，铺在路上供秋前行。

蔗林甜意

王韵涵

漫步在迷宫般的甘蔗林内，时而听到几声鸟鸣，时而听到三两欢笑。

静静地走着，萦绕在鼻子周围的是淡淡的草香和点点的泥味，仿佛是来到了童话中的奇妙小屋，又好像是走进了秘密仙境。驳杂的甘蔗叶子有的细长，有的粗短。翠绿与墨绿交错着，长在一根根绿紫色的甘蔗上，犹如一位披着青丝发纱的天女，那样素雅、柔美，似乎还带着一些妩媚。

一排排甘蔗丛中都有长而窄的小道，小得只能挤下一个人前进。望着这一条条小道，脑中又开始无尽遐想：这样幽深的小道是否有人在翩翩起舞，是否有人跪坐在地上抚额相望。不自觉走进去，阳光直泻而下，透过蔗叶，斑斑点点，身上、地上，都镀上了一层金光。风轻拂，蔗林中一片"沙沙"声，似乎在竹林也听见过，清脆而让人心情舒畅，但这片声音给人的是更多静谧与无限思念。

贪婪地吮吸着甘蔗的汁水，甜滋滋的，滴在手上满是蜜意，清香刚入嘴，就与舌齿打成一片，接着是汁水流入肺腑之中。第二口，可得细细品，进入嘴中，通过双齿的挤压，汁水满溢，仿佛喝到了琼浆玉液，又似尝了秋果的甜中甜。

吃着，不禁想起以前健壮的老牛拉动机器的样子：大而重的机器一头拴在老牛身上，老牛就这样一圈又一圈地拉着，一捆又一捆甘蔗，被挤出汁水来，煎熬成红糖，周围都泛着层层甜意。

夕阳西下，广袤的甘蔗林像镀上了一层金，更增添了一份美！

蔗·思

楼思语

　　甘蔗熟了,红糖开榨,秋天最美好的事就是榨糖。义红红糖基地的甘蔗在人们的催促下甜了,紫了。那万亩甘蔗,仿佛一夜之间成熟起来,秋风吹过,"唰,唰,唰",叶与叶的摩擦发出这属于它们自己的声响。

　　密密匝匝的蔗叶紧挨着,一根甘蔗动了,整片就动了。四方的田地好像还不够它长似的,从蔗叶中穿过的太阳不知有多大。

　　用于榨糖的甘蔗直而高,根根笔挺,酷似竹子。偌大的甘蔗林,仿佛一片竹海。漫游在"竹"与"竹"之间,杂草虽多,却丝毫阻挡不了我们前行。大多甘蔗都安分守己地生长在一块,唯有几根旁逸斜出,很想出类拔萃的样子!

蔗叶,翠绿中有几分赤色,橙红掺杂在叶与叶之间,大概是被太阳炙烤的吧！走在甘蔗林旁,只见葱葱茏茏的蔗叶,不见天空的踪迹。

从远处看,甘蔗不及天高,却又接近天,不知是亲吻着天,还是……

看多了,才发现每一根甘蔗都有自己的记号,身上斑斑点点。

这是为了不被忘却吗？甘蔗与甘蔗之间,甘蔗与大地之间,与大地上的草儿、飞虫之间,与人之间,也都有约定吗？

也许,冥冥之中自有天意。哪一根要与哪一根分开是天注定的,何时何地被剥离大地,送进红糖厂是天注定的,等不等得来彼此的守候,能不能实现曾经的诺言,亦是天注定的。

那么,必定有一些甘蔗,是带着别离的痛楚,跳进榨糖的那口锅中的。不是每根甘蔗都拥有甜蜜,榨出来的糖也并非全是甜的。

这甜中的一点酸,一点苦,怕只有甘蔗自己才知道了。

夕阳的余晖投射甘蔗林中,这片静谧的,发出属于自己的声音的土地,要慢慢地、安静地才能感受到它的人生况味。

圆圆的甜甜的

王韵涵

"卖糖葫芦了!"一串串红艳艳的糖葫芦依次排列着,糖丝甩得又细又长,薄薄的一层,晶光,透亮!

"嗞嗞——"红糖和水交杂在一起,渐渐地,变稠,变黏糊了。用大铁勺捞起,绵绵软软,滴滴答答。手蠢蠢欲动,早已按捺不住。抓着早先串好的一串山楂、番茄,迫不及待地向一口盛满糖水的干锅奔去。只见稠密的糖汁噗嗤噗嗤,冒出星星白沫。用勺捞了点,将山楂、番茄笔直地竖在锅里,悠悠地,浇下去,从头到尾,一点空隙都不留。糖从原来黄红相交的褐色逐渐变淡变浅,在山楂上呈现出酒红色,在番茄上呈现出黄褐色。太阳光下,新浇上糖汁的糖葫芦串儿一面光溜,一面"崎岖",一面闪着亮着,一面昏着暗着。好像？好像冬天里默默燃烧的一把明火。

　　"咬吧，就一口！"看着如初生婴儿般的糖葫芦，心中有些不忍，但还是咬了下去。糖还是软绵绵、黏糊糊的，带着一丝暖意；咬深些，山楂浓厚的酸味在嘴中绕了一个小圈，渐渐与糖的甜融合在一起，甜与酸不断漫出，在口腔里充斥着，仿佛每一个角落都有它们逗留过的痕迹。"咬吧，再咬一口，不会怎么样的！"被咬了一半的山楂里头白嫩嫩的，好像雪白的皮肤，又让人想到苹果中奶白的果肉。一颗颗小小的种子藏于其间，大小不一，三五成群，在中间汇聚着。浅褐色，就如街头见面的老大爷，有种陈旧的感觉！

　　啃完一个山楂，再举起来看看整串糖葫芦，因为被糖浇过的原因，竟有些分不出哪个是山楂，哪个是番茄。禁不住诱惑，来不及细辨，又一口咬下去，汁水冲破糖，伴着甜流入肺腑之中。啊，这次是番茄！慢慢咀嚼着，味道真不错！

　　山楂、海棠果、草莓，去掉把儿除掉叶，洗净了，晾干了，放在碗里，串起来，煎上红糖水，自制的糖葫芦，没想到味道仍能达标，不，是比买到的糖葫芦更胜一筹。

蜡梅花开香动一城

朱秀熙

蜡梅,外表与任何花都不同,它的香更是与众不同。

蜡梅的花瓣,薄似玉片,带着一种微黄的透明。透明的花瓣上又带着丝丝络络的细纹,让人看得着迷,似乎会被它的外表吸引过去,久久都缓不过神来。它又似一位穿着黄色轻纱裙子的女子,屹立在这花丛中间,让我们的眼神都一个一个陷入她的美貌中去了。

一阵风拂过,微风中也带着一丝蜡梅的香气,它的香清幽而淡雅,透出了一丝丝高贵的气息,让所有人都陶醉在它的香气中。

它的香带着一种雨后的气息,这种香最独特,是一种耐人寻味的香,是一种清新脱俗的香,又是一种浓郁的香,让人想到鲜亮而又明净的风景。

画的时候，我发现了一种能使蜡梅栩栩如生的方法：先用淡雅微暗的黄打个底色，再用明黄色在中部下方涂画，便能使蜡梅跃然纸上，栩栩如生。

有些人说：蜡梅便是梅。我以前也是这样觉得，可今天才知道，蜡梅不是梅。正如《花镜》记载：蜡梅，俗作腊梅，一名黄梅，本非梅类，因其与梅同放，其香又近似，色似蜜蜡，且腊月开放，故有其名。

我又静静地望着这株蜡梅，久久地望着……

蜡梅花开香动一城

暗香浮动月黄昏

楼思语

蜡梅，窈窕动人。手里紧攥一枝梅，它在群体中是那么活泼，独支看却显得那样羞涩。两朵开得正欢的蜡梅花，带着一个花骨朵，来不及收拾行囊便跟着我走了。

我与蜡梅的初见是在异地。那天正入黄昏，与蜡梅在寒风中相见时，其他的树木都已相继凋零，光秃秃的，唯有蜡梅树还傲然挺立，正如书上所说："未见其花，先闻其香。"傍晚的夕阳，照在蜡梅的花瓣中，细看花瓣晶莹透明，透到能看见其间的纹路，一条一条的，似网状。一朵一朵看它，那么纤弱，似是《红楼梦》中的林黛玉，整天感觉病恹恹的，又如四大美女中的西施一般。

再见蜡梅，便是今日在绣湖公园。公园中有数棵蜡梅,观赏间,一丛丛、一簇簇的蜡梅并无太多独特的新奇之处,矮矮的主枝甚至有些枯斑缭绕。赏花之人都是闻其香才驻足在此,比起日本三月樱花、西湖六月荷花,赏梅之人说多不算多,说少也不少。但也许正因为少了嘈杂与喧嚣的俗气才显出蜡梅超世脱俗的宁静。

说到蜡梅与梅花的区别,我的脑海中便浮现出了清初《花镜》的记载:蜡梅,俗作腊梅,一名黄梅,本非梅类,因其与梅同放,其香又近似,色似蜜蜡,且腊月开放,故有其名。

蓝天下的蜡梅,看得格外清晰明了,正如今日的天,蓝天白云好生悠闲自在,蜡梅与天空掩映到了一起。枝头的蜡梅,一簇一簇相拥,仿佛闺蜜之间的谈话,一群好友一同品下午茶。

还是陈师道形容得好:"色轻花更艳,体弱香自永。玉质金作裳,山明风弄影。"

水 中 仙

王 韵 涵

　　淡淡的清香在空气中扩散，走近些，香味浓了，那种香仿佛融入了夏日的栀子、秋日的海棠、冬日的蜡梅。视野中，一抹碧色，或浓或淡，原来是一盆开放的水仙。

　　水仙，顾名思义，在水中驻足之仙。捧着一个盛着水的瓷盆，随意地丢下几块石头，将水仙插置其中。或四五株高矮不一，错落有序；或单株幽幽独放；或……花要叶衬，水仙也一样。它的叶子粗细不一，但曼妙细长。长叶的头并不尖，而是圆圆的，其中还带着一点葱茏的弧度。叶子绿得很自然、很纯粹，好像是与水合在一起的绿色染料那样，渲染着这株水仙。也许是过了时候吧，绿叶的一端泛着纯黄，但这醇厚的黄色并不影响整体的美，反而十分和谐,黄与绿的交接处有着渐变,这份美让整株水仙更充满了春的色彩。

一条条,一片片,这如千手观音般的叶子之间总能露出几朵小小的花儿。这不,绿意之间,一团一簇的水仙花点缀其中。花中央有星星点点的蕊,真的好小,就像几粒不小心沾到黄颜料的白芝麻。芝麻没了容器自然会散落一地,而在花蕊外头,金盏罩着它,仿佛是一个大碗,里面的花蕊一定不会掉出来。带着清新的绿,再加一点幽丽的黄,逐渐扩散开,扩散开,一片,两片,一瓣,两瓣。五六片花瓣好似被无形的针线缝在了一起,花瓣是那么雪白,白得不俗,白得似用薄丝织成一般,好像是透明的。花瓣微曲,明丽的水珠滚动其间,在花瓣的末端烙下了一个皱皱的小圈。

水仙,灵动的美,高雅的美,清幽的美。悄然间绽放,增添了世上的清纯、洁净。

江南好·乌镇

乌镇的蓝印花布

王韵涵

　　乌镇东栅的街上，有一家蓝印花布店。我们这群小画家，是舔着酸梅棒棒糖慢悠悠逛进店里的。可是一脚踏进去，满眼的蓝蓝白白的花布，立刻把我们的眼睛变得铜铃般大。我们一个个迫不及待地趴到柜台上，东瞧瞧，西看看：左面墙上挂满了蓝印花布衣服、围巾，右面墙上挂满了蓝印花布包包，柜台里还有很多蓝印花布做的小摆设，都是我们平时从没见过的新奇样儿。

　　贝贝她们和盼盼老师看包包，丁妈和融妈拽着我们几个妞儿挤到旗袍柜台，里面挂满了各种花样的旗袍，有长的有短的，有有袖子的有没袖子的，有高领的有低领的，有带纽扣的有带拉链的，有扣边上的有拉后面的……看得我们眼花缭乱，但还是没有丁妈书房的旗袍多。还没等我们数完，丁妈这个旗袍迷已经急急下令："每个妞一条，统统进去试穿……"我们顿时傻笑起来，小多多和小年糕大叫："我们男生咋办？"丁妈头也不回地说："小男生嘛，一个弹弓一个背包得了呗！"我们更加笑成一团。

开始试穿了。选哪条呢？丁妈给我们挑了一条领子下面有个洞洞的蓝花布旗袍，卖旗袍的奶奶说儿童款没有雯雯的小号，再选了一条，又没有我的大号。丁妈扫了我们一眼说："妃妃当模特，你穿得上哪条，大家就选哪条！至于雯雯么，和融妞一样选幼儿款的吧。"

思语姐姐和嘟嘟姐姐扯下一条蓝白桃花的旗袍，急急把我拉进试衣间，使劲儿拉，拉，拉，就快拉好的时候，我已经被勒得喘不过气来了，只好放弃这一条。嘟嘟姐姐失望地翘起了小嘴，思语姐姐说我太胖了，我气急败坏地说："我的肉不多，只是骨架比你们大嘛。"

当看到贝贝和夏铭拿着第二条吊带旗袍向我走来的时候，我脸上露出了不满的神情。果然等我一穿好，贝贝就捧腹大笑起来。我恼羞成怒："你笑什么笑！笑什么笑！"她还是不停地笑！我都不忍去照镜子，心想：这条丑旗袍肯定把我变得很难看！

这时，丁妈边喊边递进来一条："妃，穿上这条，肯定美极了！"我立刻穿上去照镜子，哇，蓝色的布上有一朵朵白色的牡丹花，还有一只只飞舞的凤凰，镜子里的我眉飞色舞，真的美极了。丁妈把我拉出来转了一圈儿，喊了一声："哎呀，我的小美妞！"就冲着柜台喊："来七条中号、一条大号。"旗袍奶奶乐得眉开眼笑。

丁妈还给我们每人买了一个大头鸟双肩背包，当作"童心画文"采风包。我们兴奋地把旗袍和画本、彩笔、水壶、零食、帽子、哨子统统塞进大头鸟背包，冲进店后面的蓝印花布大染坊，在飘舞的蓝印花布丛中，疯狂地躲猫猫，转陀螺，走秀……就像一群快乐的蓝印花布精灵。我们还看到了蓝印花布制作的秘密，原来蓝花不是机器织出来的，而是用兰草做颜料印染的。我们坐在染坊的走廊里画买来的东西，我把心爱的蓝印花布小旗袍铺在地上，细细地画了起来。

暮色降临的时候，回到了西栅民宿，我们的旗袍生活才真正开始。我们飞快地洗完澡，穿着旗袍，舞着扇子，在昭明书院里追跑。丁妈说我们穿着旗袍乱飞，太不像话，就带我们在廊桥上练习旗袍步，旗袍站，旗袍坐……身边不时有游客路过，有个声音悄悄地说："这是拍电影吧？那

个容嬷嬷演得还蛮像的。"我们强忍着笑，继续一步一步目不斜视地学走旗袍步。

终于，融妈说，有点样子了，可以拉出去溜溜了。于是，我们八个旗袍妞儿，在小多多和小年糕两个弹弓侍卫的保护下，踏着月色，摇着扇子，一步三摇地向露天电影广场走去。

乌镇的桥

楼思语

在乌镇的七天里,我听到过老冰棍儿诱人的叫卖声,吃到过令人垂涎三尺的乌梅冻和酸梅汤,游玩过古街小巷的角角落落,但我最爱的还是乌镇的桥。

乌镇的桥,千姿百态,听说古时候有一百二十座,是江南水乡中桥最多的一个古镇。现存的还有四十五座,最出名的是桥里桥、定升桥、雨读桥和逢源双桥。我们就住在定升桥和雨读桥边的16号民宿,每天一睁开眼一推开窗就可以看见她们美丽的身影。

来到乌镇的第二天,趁着清晨凉爽,我们开始画定升桥。我、嘟嘟、贝贝和夏铭趴在河边的石栏杆上画桥,妃妃和小琰姐画河对面的老茶馆,小多多和小年糕站在石凳上画桥,佳尔姐在桥上画桥下来来往往的乌篷船,小雯妞画桥边树下玩知了的小猫。我们仔细观察这座石桥每一块砖缝里的小草,每一根栏杆上的花纹,它们在画上栩栩如生。大瓜老师教我用水彩画,大家都说我把石头桥画成透明的了;妃妃和小琰姐姐画的老茶馆就像国画;贝贝画的像卡通桥,栏杆上还靠着一个观鱼的鸟姐姐,好像要一头扎进水里的样子,恐怖极了;小多多和小年糕画的桥和房子,木头和石头简直就像快散架了一样,但是丁妈说这才像古镇的古董! 我想,如果真是这样,乌镇离被拆的那天也不远了。

关于定升桥,还有一个传说故事呢! 我们画的时候,融妈娓娓道来:从前有个仙人叫吕洞宾,有一次下凡到乌镇卖糕。大糕里面有馅儿,一文钱三块;而小糕里面没有馅儿,却要三文钱一块。于是大家都抢着买大糕,好吃又便宜。可是有个书生却偏偏买小糕,旁人说他太傻了,那小糕还是半生不熟的呢! 书生说了几句名言:"路遇便宜莫贪,路见难事莫推。异相异价异物,自有道理其中。"吕洞宾就送了他十个字:"生糕不足其,糕生在今朝!"书生吃了那块半生不熟的小糕,一个月后中了状元。人们从此叫那个糕"定胜糕"。糕叫定胜糕,而桥从此就叫定升桥了。

故事流传至今,乌镇的小孩上学第一天都要手拿定胜糕到这座桥上走一走。我们画完后,盼盼老师带我们去买了梅花形的定胜糕,里面是豆沙馅儿,外边还有一层白糖呢。那味道,借用小多多名言:口水配配,好吃极了。

天将暗未暗的时候,彩霞好似燃烧了一般,映得夕阳格外红艳。这时,我们站在像月亮一般的定升桥上,一个台阶一个人,摆出千手观音的造型,夕阳给我们镶了一道金边,我觉得自己就像真的观音一样飞了起来。我们这尊月亮上的千手观音吸引着过往的游客纷纷举起相机,看得出我们已经是乌镇的小明星了。

夜幕降临的时候,我们坐在定升桥边的大树下乘凉,不知是谁起的头儿,哼起了馆歌《重回汉唐》,小伙伴们也很有默契地跟着唱了起来。丁妈和融妈乐得又是拍照又是录像,引来了更多游客的围观赞叹,我们一激动就唱得更响了,素有男歌星之称的小多多更是乐不可支,干脆爬到石凳上边唱边演。我们这个童声合唱团以嘹亮的歌声再次惊艳了整个乌镇夜空。

我们一路欢歌笑语,去夜游乌镇走桥玩耍了。

江南好·西塘

水乡人家——西塘古镇

金三易

古镇悠悠，老屋静静地待着，一声不吭地经历风雨，水草默默地长着，不声不响地枝繁叶茂，酒甜甜地酿着，日渐醇厚，人们热闹悠闲地逛着，你挤我我挤你地购物。

尽管人声嘈杂，但几条古巷却不失静谧。

古巷窄窄长又深。

在石砖的交接处，阴影中，野草野花顽强地长着，抽出嫩绿色的小叶片，迎接阳光雨露。我希望雨下起来，体会"小楼一夜听风雨，深巷明朝卖杏花"的意境。深巷也是条隧道，一头连着今天，一头牵着昨天。

河是西塘的生命线，各式的楼房沿河而建，水路便成了一条与巷子一般平常却又不平凡的街道，因为伍子胥当

年开凿了许多河，因此西塘又被叫作胥塘。

沿河到处都是酒家，有"借问酒家何处有，胥塘河边处处楼"的说法。

西塘的河流得很平缓，波光粼粼，在阳光照射下散发出奇异的光，显得动人，显得耀眼，似一块未磨平的玻璃，高低不平，光滑又柔软，上边点缀着分散的水草和嬉戏的小鱼群，与我老家的熟溪有几分像，但多了几分平静。

一般店铺前都架着廊棚。关于廊棚，有许多美好的传说，其中要数一位善良店家的传说最广为人知。传说西塘有个店家，为变身叫花子的仙人搭了一个简易的棚遮风挡雨，第二天仙人不见了，他自己得到了财运。为了纪念这事，他将家里所有店铺都砌了廊棚，大家知晓后，纷纷效仿，便形成了足有百十米长的廊棚。

廊棚里传出的阵阵吆喝声，拉回了我的思绪。在西塘的弄堂里，喝喝茶，看看书，写写文章，一切都很完美，又是美好的一天。

走过西塘

王韵涵

其一 古衣风韵

一家店铺里,成千上万种大袍子正静静地等待着,等待有一双双手将它们拿下,并把它们带回家。

我已经不是第一次见这种古风古韵的衣服了,但这一次吸引我的是一件轻飘飘的大袍子,它像月光那样柔和、恬静,又似荷花那样优雅!一席粉色在它身上漫布着,像是一不小心洒了一片的粉色颜料,又仿佛是在牛奶吐司上涂满了草莓果酱!在一片粉色的世界里,谁都不愿意破坏这一连串的甜蜜,可三个走落了花瓣的莲蓬好像是无意中闯入天堂的三个小毛孩,带着好奇与兴奋。虽如此,莲蓬的美倒也不亚于那漫山遍野的粉色。它墨黑的茎上两片浓绿的叶子摇摇欲坠，又好似杂货铺里亮眼的两块碧翡翠；浓叶衬着的是那青草般的一抹绿，上面的水珠摇摇晃晃的，仿佛只要受到阳光的照拂，就会露出自己光彩耀人的一面！呀！三个莲蓬一个比一个大，它们顶上含着的莲子竟都泛着红光。其中一个好似戴着红云的小姑娘，没有了点缀的面具（指荷花花瓣），立刻变得娇滴滴的。另一个则仿若红润的少女！剩下那个好像即将要枯萎，但仍然想把最美的一面展示出来。

这衣服是个两件套，罩在外面的外衣似有形，又似无形。白白的一层在风中舞动着，扬起的一层轻纱如同舞女遮掩面孔的面纱，让人久久回味！

其二　王宅

西塘，除去朱家的西园，最气派的就是王家的大宅子了！

王宅，处于破弄旁边。站在王宅大门前，庄严与肃穆嗖嗖地往上直蹿，经过一番过滤后，那种心情渐渐转变成了好奇，并催促着我进去一探究竟。

走进王宅，鸟的叫声在空中徘徊。这里与西园不同，西园是大片大片的喧闹,而这里连一根银针掉落在地都听得一清二楚。

风徐徐吹来,把那精雕细琢的窗子吹得嘎吱作响。不知不觉,便在始前文化馆内停住了脚步;在一个又一个玻璃制成的柜台里,摆放着原始人常用的器具。和之前参观良渚博物馆不同,这里的东西仿佛更能与人的心灵交上好朋友!

"王一宁",这个名字以前似乎没有听说过,但这所房子应该与它有着密切的关系。就这么静静地看着那破旧的墙壁,上面岁月的痕迹似乎不想再走动,就这么默默停留在这里,与一片又一片黑瓦做伴,与一块又一块木头相交。虽然不能与西园相媲美,但它现在的美是精致的,它的气息在风中喘着气,似乎在诉说着什么。也许,是瓦片上的小鸟的爪印;也许,是庭院里小孩子的笑声;也许,是窗户上风爷爷的贺礼;也许,是梁柱上雨点打湿的一抹痕迹……

轻舟泛水

朱秀熙

"篷声夜滴松江雨，菱叶秋传镜水风。"这是一首描写乌篷船的诗，这是一个美好的故事，这是一幅美妙的场景，虽然这景在城市中看不到，但在这——西塘，我们的确见到了。

清晨，东方欲晓，晨曦微露。一条条乌篷船在还没有游客时就已经傍着水看西塘初醒的样子了，而傍晚时，岸上缕缕炊烟袅袅地飞上天空，多数船夫便荡起桨，划起船回家了。夜幕坠落了，仍有少数游客欣赏西塘的夜景，天更黑了，夜更深了，四周一片沉寂，只有船桨的"吱呀"声和荡起的浪花声。

乌篷船很长，也很深。船顶是一片乌篷，漆黑漆黑的，上面还有别具一格的条纹。船身雕刻着缠枝花纹，船头雕刻着一些小动物，它们似乎在微笑，颇为滑稽。民间传说：龙见面避之，行船可获安全。

　　我坐在船上，静静望着船外的风景，虽说西塘比起乌镇、周庄也差不多，但是我却觉得在西塘更有一番情趣。因为我看见那荡漾着的碧水，碧水中映着一条条船，船上坐着一群穿旗袍的小妞。

西塘船韵

楼思语

在傍水而居的西塘人家，船早已是灵魂，红彤彤的灯笼和棕色的木头，是一种别样的风景。手摇木船，船底圆润，前拐后转，轻巧灵便。以前的西塘是"吴越共家之地"，伍子胥时期，"习于水斗，善于用兵"。可见当时那窄小的船也能起到巨大的作用："以船为车，以楫为马，往若飘风，去则难从。"船缓缓驶出，竹篾编织的船顶，虽能遮点阳，但还是会透出缕缕亮光，橹的"吱呀"声在西塘回荡，乌镇的橹声并不是那么响亮，也许是暑期游人的喧闹声把橹声掩盖了吧。碧绿色的水在船的脚印中越走越远，水葫芦似翠绿的披风，在风的洗礼下摇摇曳曳，青石板旁的垂柳，柳絮儿在水面上荡秋千。船的倒影在涟漪中渐渐淡去，酷暑炎热,船摇着,晃着,走进了桥下的圆孔中,这时的一阵风解了燃眉之急。桥下的时光使我多想再待一会儿,丝丝凉意,把夏日的烦恼抛在脑后。古时船运是必不可少的,运水果,运生活用品。千年的水乡,没有船哪儿来的现在这古韵浓郁。一个手势,船在宅旁缓缓停下,急匆匆离去,只留下一声"谢谢"便不见了身影。坐在船间,尽睹两岸风光,小桥,流水,人家。

纵横交错的河道织着西塘,青青流水润着西塘,真是水巷小桥多,人家尽枕河,夜市卖菱藕,春船载绮罗。

一叶轻舟过西塘

金小琰

　　西塘的人家,大都是傍水而居的,这儿的船自是不少,乌篷木骨架,蓝印花布,小巧而轻便,船底圆,灵活。

　　西塘的繁华梦,是由小船一摇一摆地织成的。"夜市卖菱藕,春船载绮罗",枕水人家的生活因了这一条条小船变得更加丰裕了,这不由令我忆起了故乡佛堂。泊船如蚁的商业盛世中,船是极为重要的,实用性很强,而西塘的船,却在水中漾出一圈圈浪漫的气息。乌镇的橹声很响,咿咿呀呀的,歌声嘹亮,而在西塘就变成了浅吟低唱,乌镇静静的,橹声显得格外空灵,西塘则是热闹的,只听到橹声推开水波的声音,平和的,一如它的水面,一如既往地淌了千年,坐在船上,却已看不清水底了,是人文历史深深地积淀在水底,模糊了水下的一切,亦模糊了古镇青春的面容。

今日终于坐得一船。轻轻地踏上左右不平的船只,身体也跟着晃荡起来了,好不容易踏了进去,另一个人上船,又荡起一圈涟漪,心慌慌的,但看着船夫平静的脸,心又静如止水。船缓缓地开动了,似是水面上一条鱼,摇着尾巴,摇呀摇,碧盈盈的水波中,一条长长的水痕,回韵无穷。

船驶得慢慢的、稳稳的,桥洞弯如虹映着水影,船就悠悠地从"圆月"中行到了下一轮"圆月",一如西塘的风花雪月,驶向时光的年轮。两岸的人家,小桥流水,尽收眼底,花布帘已微微泛白褪色,岁月掠过艳影,粉墙、黛瓦、水弄堂,斑斑驳驳。清风明月本无价,近水遥山皆有情。于西塘来说真是一舟一世界、一桥一天堂。

十几分钟的船程,码头已在眼前,身后的水中月环环相扣,眼前却已是终点。下了船,心里空落落的,似梦醒如初一般。走在回廊桥的桥上,烈日当头,欲回头寻梦,却因闪光的双眼迷失了方向,一片白茫茫刺眼的光。西塘,在即将离别之时,我不由想再回头看看,一遍遍在心里描绘它的模样,生怕在记忆的诗篇中泛黄。

素心之履

水 弄

楼思语

　　两旁的商铺错落有致地排着，像一盒开了盖的火柴，细细看去，有一条曲径通幽的小路，可直接看到水，那就是水弄。

　　西塘的弄堂，又深又长，而且东南西北遍布全镇。两面灰色的高墙使人眼前一片漆黑。青石板的痕迹为你指引方向，龙脊般的屋檐一直伸向前方。水弄一头连着河埠，另一头接着铺青石板的小街。湿漉漉的石板上堆积着历经沧桑的生活用品，朱红的水荡在昏暗的水弄中显得异常鲜艳。雕刻着龙纹的门当，隔河相望时，门当的灰暗和水弄的阴暗形成一体，只能看到一只炯炯有神的龙眼、四处挥舞的龙身，好比一条闷坏了的龙，常年生活在又窄又深的水弄中。篱笆在岁月中慢慢延伸,翠绿色穿梭于屋檐与水弄之间,弄旁的花草也被围得严严实实。青石板旁的朵朵独苗,正努力地汲取阳光的营养。吊兰在墙角呼吸着,好似一辈子成长的记忆,萌发又老去。金钱草圆溜溜的脑袋,探出头,绿色中又带点土黄,幼小的银杏瘦瘦弱弱,枝叶并不繁茂,显得颇为脆弱。

遥想西塘千年以前的风貌:青石板还未破旧,原住民还未迁移,河水清澈见底,只听水弄尽头阵阵捣衣声,淘米、洗菜,无时无刻不用西塘干净的河水。孩子们从弄堂口的石阶上下去游泳,捕鱼的欢笑声,溅起阵阵涟漪……

水弄的记忆是悠久的、静谧的,而西塘的千年记忆则如同一位温婉的江南女子般祥和、娇美,一如西塘镇的酒,香醇、醉人……

送子来凤到卧龙

楼思语

西塘的桥,虽没有周庄和其他古镇那么繁多,但都别具特色。送子来凤桥就是西塘的一大亮点,是崇祯时期建造的。这桥总有一种说不清的韵味,道不明的古色古香。瓦片的灰色,在阳光的照耀下弥漫着历史的尘埃;棕红色的柱子,至今还未腐烂;那临水的美人靠,可以看清古时乌篷船的行走和交织,江南美人在靠上看书、喝茶、刺绣,都是一番别样的风趣。捕鱼的老农在石桥底下谈天说笑,送子来凤桥成了老农在酷暑时抹去丝丝汗意的好地方。棚式的桥形在众多的桥中更是显眼。双通道的送子来凤桥也顺带着寓意,三寸金莲的小脚迈着小碎步走过斜坡,寓意是更加贤惠,并且会生女孩儿;而有台阶的那边寓意是男人步步高升，事业有成，还会生男孩儿。粗糙的石板显露出了岁月的痕迹。脸上带有斑驳皱纹的奶奶，对送子来凤桥如数家珍，其故事鲜活有趣。据说桥建好后，天上飞来一只凤凰，在上头叫了三声，又飞了三圈，而这时一个富商的妻子生下了一个儿子，桥先命名来凤桥，后才命名送子来凤桥。

走过送子来凤桥，眼前就是卧龙桥。那霸气的桥身，五龙相附，却都是卧着的。走上卧龙桥看着眼前的古镇，想着的却是这桥是如何用一块块石头搭建起来的，石头中凝聚着搭建的艰苦。当天慢慢黑下来时，卧龙桥显得异常雄伟，到了晚上还是不失它的雄姿。卧龙桥素来以雄伟著称，但若你站在桥下细细品味它在湖水中的倒影，又有点柔美，或许是水波的原因吧！

潺潺的水声，悠悠的桥，不失这千年古镇的老风骨！

穿过一座座桥

金三易

水，微微荡漾，承载着往来穿梭的乌篷船，轻拂两岸，留下无尽的余韵，波光粼粼，映着两岸风光。船在左右摇晃，上下起伏，随着水漂流。船夫把橹浸在水里，搅着水，使船缓缓向前，不知是在河面飘还是在水中游。

两岸风光显得特别美好，河旁枕着一座座沉睡着的老屋，柳树则在岸边梳妆，长长的秀发时不时地垂在水中，水葫芦浮在水上，点缀着碧波。

我身穿龙袍，坐在船上，谈笑风生，有说不完的情趣。

坐着船，穿过一座座桥的桥洞，桥底是暗绿色的青苔，桥洞有圆有方，有大有小，桥的风格也各异。桥错落有致，也许建桥的初衷就是使人们不用再隔河相望吧。

橹在水中有规律地搅动,留下一个个小漩涡,水被分散,卷起波纹,荡开,许久才消失。鱼儿的气泡浮上水面,"啪"地炸开。有时,鱼儿会现身,那么柔美的鳞片一闪一闪,尾巴摆动着,一眨眼就消失得无影无踪。

船不知要去哪,寻找着方向,却怎么也寻不到,古老的记忆渐渐被人们遗忘。一抬头,桥唤醒了我们内心深处对平静的渴望。

在城市里,车水马龙,房子一座座地崛起,人们生活在钢筋水泥间,生活忙碌又富足,只是总觉得少了点什么。

船还在行,波还在荡,时间却好像静止了,穿过一座座桥,使我开始回忆:我们身处城市里,几乎所有的人都在为了什么而全力奔波。是什么呢?财富?权力?地位?

我们似乎离开朴实太长久一些了。

船还在前行,穿过一座座桥,我们离目的地还很远。

穿过一座座桥

古镇水乡的桥

金三易

　　一座石桥将两岸连到一起,屹立在河中,它就是环秀桥,四面是绿草、红花、老屋和木亭。一座座桥好似水上长虹一般,为人们带来了便利,并将历史的足迹沉淀镌刻在人们心中。

　　涟漪在水中荡漾,渐渐消失,不留一丝痕迹。深绿色的水像镜子一般,把桥洞映照成一个环。桥与倒影结合起来成了一只发亮的眼睛。

　　"船从碧玉环中过,人步彩虹带上行",这是环秀桥两边的对联,其实这是仿写赵州桥上的对联而来的。

　　传说,当阳光闪闪时,在桥上极目远眺,就可以望见太湖的青山,这再度证明了环秀桥的高。

哎，可惜了环秀桥，它的真身早已不在，现在能看到的，只是1997年重建的石桥。

沿河的反方向走，会找到送子来凤桥，它是一座廊桥，黑瓦白墙。

因为也是重建过的，所以比较新，一堵墙把桥隔为两边，左边是一个斜坡，是男人走的，象征着步步高升，女人走右边的台阶，象征着稳稳当当。一阵清风吹来，拂走了夏日的炎热，一个传说浮出脑海。

从前有一对艄公。一个年轻人跑来求男艄公运他过河，当男艄公回家时，却被官兵乱箭射死。几个月后，那个其实是大将军的年轻人东山再起，想报答男艄公，却发现他已死了，就给女艄公一百金。女艄公把钱用来造桥，当完工时，一只鸟飞来连叫三声，不久后，她生下了"遗腹子"，所以此桥就唤作了"送子来凤桥"。

西塘还有许多名桥，比如雄伟的卧龙桥、五福临门的五福桥……一座桥诉说一个故事，一条河连接一条港巷。水滋润了西塘，桥，联通了西塘。

小桥，流水，才有人家，才有古镇的千古绝唱！

环秀桥

朱秀熙

　　在西塘的二十七座桥中,最有名的就数环秀桥了,传说在桥上眺望,可以看见太湖的青山!"有河必有桥",环秀桥架在流淌的河流之上,使那被细柳染绿的河水淌过桥洞。有时会驶过来几条小木船,在水流的冲击下慢慢地从桥的正面游到桥的背面。看着这样一幅场景,不由得想起诗句:"船从碧玉环中过。"拱形的桥洞带着深沉的灰色,但在这里并非如此,它的灰色似乎被桥上游客的欢笑所印染,不只是如此悲调的美了! 桥一开始使用较大的石头平铺在水里,使人能从一块块石头上跨过;或者用一根又长又粗的木头架在河面上,使人可以从木头上走过去。现在大多都用砖来搭桥,使得桥更加牢固! 环秀桥也是用成千上万块砖搭建而成的。一块又一块青砖上布满了岁月的痕迹，没有一块不刻上风雨的脚印。桥上的青砖有的粗糙，有的光滑，有的平坦，有的凹凸不平，但每一块儿都带着人们欢笑的点点滴滴。脚情不自禁地踏上了桥的第一级台阶，精雕细琢的桥面在阳光的照射下把最美的一面展示出来，手轻轻放在这积满了沙石的桥臂上。风徐徐吹来，与青砖轻轻触碰。不知不觉，人已经在桥顶站着，感受着风从耳旁掠过的声音。

从桥上远眺，长不见头的布棚里，一家又一家店铺前是熙熙攘攘的人群，闹哄哄的一片，在古镇西塘好似交响曲！鸟瞰，只见碧色的水荡着成片的水草，衬着那深灰色的石板与片片黑瓦，不禁构成了一幅画卷。划船的嘎吱声此起彼伏响着。船桨在水中徘徊了一会儿，溅起一层层涟漪！

夜晚的环秀桥更是光彩夺目。站在桥上，一束又一束灯光透过砖与砖之间的缝隙直直地打在人们的脸上，色彩不一，仿若想把所有的胭脂往脸上涂。不只是这些各色的灯光，旁边廊桥里的各种店铺把环秀桥打扮得更加金碧辉煌，金灿灿的灯光照在环秀桥的桥臂上，在与彩灯的辉映下变得亮堂堂的！就这么静静地看着夜晚的景色，想起卞

之琳的《断章》:"你站在桥上看风景,看风景人在楼上看你。明月装饰了你的窗子,你装饰了别人的梦。"

环秀桥

金小琰

一弯新月卧，船从环中过。橹声咿呀起，人醉岸上景。小桥、流水、人家，在古镇轻舞的水袖中，随着岁月的匆匆变迁，老屋修修补补，小桥破损重建，流水也被时光磨砺得更加浑厚了。可是它们的灵魂却牢牢地拴在一起，风雨亦无法侵蚀。

环秀桥，如同许许多多的桥一样，连接着水巷。说是连接水巷，倒不如说是连接着人们的情感，免去了隔河相望的痛苦，随时可以寒暄、闲聊，打开了心扉，多了一分亲切。它如新月般的形，又给人以美的享受，就连桥上的人也是美的。在许多水乡，处在花样年华的女孩子最爱赶集，穿上秀美的旗袍，梳一根乌黑油亮的辫子，在胸前灵动地一摆一摆。撑一把精巧的油纸伞，搭在肩头。阳光透过伞面，在姑娘清秀的脸庞上撒上淡淡的红晕，袅袅婷婷地走着，乞求一段美好的姻缘。因而，小桥又成了一条红线。环秀桥的姻缘应该不少。娇美的少女走过，与岸上的少年眉目传情，他们相识相知相恋相守，就如三姐和晋哥的相遇，同桥一样成为永久的记忆。四面风景秀丽淡雅，似一幅水墨画般清丽，又是温润而祥和的，似一位大家闺秀，拥有端庄大方的气质。石缝中，星星点点的杂草肆意地生长着，与旁边斑驳的青石板相映成趣，煞是好看。而晨曦的桥洞更为秀美，水影相连似玉环，沾染晨光的金黄，透出远处的粉墙黛瓦，美得醉人，入夜则似琼楼玉宇，自是另一番风情了。

每每走过环秀桥，只有来往如织的游人。当我清晨在岸边顾盼它的孤独时，它似乎醒着吧，沐浴在清风里。我决定就在岸边静静地欣赏它，不去破坏这久违的静谧。这时的环秀桥是闲适的，懒懒地卧在水中，与水草相拥，亦与宁静的初晨相拥。当夜晚的人散尽，环秀桥再次披星戴月，日复一日，年复一年，桥似是时光沉淀，周围的一切时移物换，不复从前的光景，而环秀桥却在日日夜夜中成了永恒。

西塘·戏塘

金小琰

执一壶小酒，卧于美人靠上，隔水听戏，唱腔悠扬空灵，曲声以水扩之，则更加深远，直击人心。

西塘之景和以雅致乐曲，其美自是不必说。看看沧桑的戏台，总觉得似春归后的牡丹，台前空荡荡，如现在的牡丹园无人赏般孤寂，又像极了杜丽娘，之前戏声不断的一切，只是繁华一梦罢了。红灯笼已泛白，现状如原来姹紫嫣红开遍，似这般都付与了断井颓垣，烟波画船如旧，只是物是人非事事休。

但牡丹亭中的牡丹却在人们心中轰轰烈烈地绽放着。几千年来，未曾变过，杜丽娘柳梦梅春色中相会，梦中相伴，似是封建社会高墙中的牡丹，杜丽娘勇敢地踏出门第观的大门,不惜化魂与柳梦梅相恋,他们俩的爱情是当时社会桎梏的突破。他们心中皆怀揣着一份对爱的渴望,对美的向往。正因如此,柳梦梅的梦和杜丽娘的魂齐齐飞出高墙,化为两根红线,牵成了传奇色彩的生死恋。西塘的戏台上,定也有一位杜丽娘,以死相抗父母之命,而这戏台,却是逃不过风吹雨打的变迁。几年前还是一幅热闹景象,现如今却与断壁残垣没什么两样。

初见戏台,我是心痛的,因为它被人们匆匆地掠过,甚至身后的房子都比它精致。细细看它,却又是那么地独一无二,浮于水上,水天相应方为天水碧,乌木造就,朴素淡雅,却又能很好地衬出戏子鲜丽的颜色,只叹缺个杜丽娘。鸟姐忙说:"画我吧。"嘚瑟的微笑衬得她格外明艳,美则美矣,却又不似沉静文雅的杜丽娘,再说,得等她找到自己的恋人,为爱勇敢付出时,才能与杜丽娘有几分神似。百花各异,人亦各异,这不是照着鸟儿画牡丹嘛!

西塘的戏台把美丽的记忆存在从前,却把孤影留在我的脑海里,只是怕再过几年相见,它又是另一番风情。

西塘酒坊

朱秀熙

借问酒家何处有？牧童遥指西塘镇。西塘的美酒是
很有名的，似乎不管走到哪条街巷，一眼望去，总会有一个
茶馆酒坊，总能闻到一丝丝甘甜的酒香味，就像掉进了拥
有酒味的棉花糖里一样，只要一进去就不想爬出来。

西塘是酒乡，如今走遍西塘，发现具有西塘特色的大
小酒坊开了不少。只算一条西街最起码有十几家，一家家
倚岸临河的、设在廊棚下的酒坊，让人感受到小镇的香醇
和亲切。根据我的了解，三三最爱的就是米酒，她说米酒
的味道是甘甜的、醇厚的，喝上去黏黏的，有谷物的馥郁，
也有一股稻子刚刚萌芽的生气。而桃花酒就大有不同了！
桃花酒是薄薄的，味道会烈一点，回味时嘴里还会留下一

丝丝桃花香。

在我想象中，品酒的情景应该是：坐在撒满月光的石椅上，望着朗朗的天空，举起酒杯缓缓饮下。这让我想起了李白的"花间一壶酒，独酌无相亲。举杯邀明月，对影成三人"。

说到李白，他与西塘还有一段传奇故事呢。李白来到西塘时，路过一户卖酒的人家，店面破旧，人影全无，只见一个女子在嘤嘤哭泣，便问她为什么，她说就算她家酒有多好喝也没人来买，于是李白善心大发，挥笔给她家的酒题诗一首，人们听说后便纷纷来买，她家的酒成了西塘小镇上最火的了。

"西塘忆，最忆是长廊。千盏灯笼脂粉色，八方舟楫杜康香，依水看斜阳。"这就是西塘的风情，这就是叫人难忘的西塘的酒香。

做一只西塘的猫

金小琰

　　做一只西塘的猫,懒洋洋地蜷在生长着细细密密的青苔的屋檐上,微眯着灵动的双眼,裹在太阳洒下的柔柔日光里,望粉墙黛瓦,杨柳依依。站在喧嚣的人群中,我时常这样幻想。久违了,水乡,与乌镇同一个灵魂的西塘,我在这成了一只猫,一种特立独行的动物。越过熙熙攘攘的游人,静观古镇清秀的脸庞,我迈着轻快的步伐在街上走着,我的脚爪被青石板坑坑洼洼的地面磨得生疼,低头一看,樟树叶隙间漏下斑斑驳驳的日影,金黄金黄的,似是岁月涂上的釉彩。不知不觉间,漫步到了长廊,我用好奇的目光打量着周围的一切,时而追追麻雀,时而搔搔痒,蹲在平静的水边,看水草油油地在水底招摇。我的小爪子贴在墙

面,掌心感到一阵生命的律动,似是古镇跳动的脉搏。砖瓦间飞下点点尘埃,一股浓浓的陈味,平和、安详。我把胡子轻轻地在青砖上蹭蹭,痒痒的。我揉揉眼睛,刚才是哪儿闪过一抹笑意? 在我的眼里,亲切沉静的古镇最美。从上午开始,水平如镜,岸边却会聚了一股人流。只有五六点钟的西塘只听见声声鸟鸣,我总爱在这时候与晨曦中的老屋隔河相望,沾一点露珠,在相连的廊桥间跳跃,瓦片碰撞出清脆的声响,似老院的钟声,从以前敲到如今,流淌着光阴。可惜好景不长,不一会儿街下便如集市般热闹,只能到角落走走,独拥一份静谧,也好,也好!

旧梦江南

金小琰

西塘,江南的一场旧梦,褐木黑瓦,斑驳的粉墙,温和端庄,似是童话里的景致。她如女子般丰腴清丽,却在回眸一笑间,流露出丝丝缕缕随性的慵懒,灵动的水袖如母亲的臂弯,搂着小镇,在日日夜夜的人文沉淀中,水色更加浑厚了。

漫步街头,迎面,凉凉的风拂过;耳边,沙沙的落叶声响起。踏在被岁月洗濯得光滑又细腻的青石板上,沾了水的脚印深深浅浅,似是游弋在身后的一尾小鱼。忽而从墙角窜出一只黑猫,它有着纯然一色的毛发和闪烁着光芒的湛蓝双眼,不怕生定定地看着我,眼神傲气又娇憨。伸出手来摸摸它,它扭扭腰肢,温顺可爱,一如水乡的人,祥和亲切，不似路边野猫，弓着背对你喵喵叫。

继续走着，顾盼着，听一路吆喝叫卖声。西塘的吃食自是有名，米酒甘醇，浓浓的香味儿，似是米饭刚蒸好时糯糯的甜，一股谷物的香；乌梅则似葡萄，只是更加清甜可口，少了一丝酸味，多了一份甘甜；荷叶粉蒸肉，咸香软糯，回味中有夏天的气息……在西塘，正餐大可不必，一路吃，一路逛，足矣。

西塘的日子，是水墨丹青绘成的。一条条小弄堂，交错于幢幢老屋间，走进里面，凉风像泱泱大水在山涧收敛成了一线清凉的泉；浸润在凉风里，脚底发出脆生生的声响。放眼望去，弄堂长长的，窄窄的，一直蜿蜒向前又不知何处，深远。粉墙落下细细的尘，为小弄平添一丝神秘的气息。西塘最窄的当数石皮弄，灰蒙蒙的一片，仅容一人通过；里面幽幽的，空落落的，我不敢走，怕一走，就走出了这梦一样的地方，再也回不来了。

入夜的西塘，天是紫蓝色的，湿润润的。长长的老街，恬静地睡在这紫蓝色的、如水一样凉凉的夜里，但人，却未曾入睡。热热闹闹的街，家家灯火通明，在月光下，也是暖暖的，是人情的温度。水上的桥被灯火辉映得更美了，波光粼粼的水影是若隐若现的，连着桥的拱门，如满月一般，透出了琼楼玉宇的水上人家。我如一个醉汉,醉在酒香里,亦醉在景致中。

　　绸带般的游廊,承载着人流,人在廊上行,水波映人影,日复一日,年复一年,旧时梦里忆江南,最忆是西塘。

江南好·南浔

小莲庄记

张骆一

南浔"四象"之首刘镛,坐拥两千万资产,他的私家花园小莲庄定是多姿多彩,今天我便可以去领略它那美丽的容貌了。

去的路上,小溪的另一岸,一座法式的牌坊映入我的眼帘。它不高,但很精美,由赤、黄、灰三色的砖块组成。接着往前走几步,绿色掩映的小孔中透出一片碧绿的荷花池,小洞虽小,却把荷花池放大了无数倍,真可谓"接天莲叶无穷碧,映日荷花别样红"。

来到景区里,刘家的祠堂引起了我的注意,那是一栋庞大的建筑。经过一个天井来到供奉刘家列祖列宗的地方,三尊人像威严地立在祭台之上,那种森冷的目光叫人

发颤，这里凄神寒骨、悄怆幽邃，"以其境过清，不可久居"，我迅速地参观完就离开了那地儿。

继续往前走，两座挺拔的牌坊直立在我的面前。这两座牌坊的顶端，几个类似于龙尾的东西在上面占据着制高点。我很奇怪，这龙形物不是天子用的吗？做臣子的用了为什么没有受罚？

一片荷花池进入我的视线，我赶紧奔着池又往前数十步，顿时天高地阔，原来的压抑感一驱而散，心里顿时放松许多，没有那么烦躁了。举目回望，成片的绿色把里面的房屋裹得严严实实的，与那些白墙黑瓦亲密无比。不过这些可不全都是中式的房子，也有一些外国风格的建筑，比如花式的地砖、五彩的玻璃，使这些比较灰黑的东西发出了不一样的光彩。

在去莲花池的路上，我见过两棵高大而茂盛的树，颇具气势。这是两棵奇怪的树，它们缠绕在一起，好似一棵粗壮的大树，不过一边的树叶小而翠绿，一边的树叶大而深绿，这才使它露了馅儿。

刚沉浸在树中的我一见到荷花池便醒了。绿色的海洋中，一点一点的红，与这个占地十亩的荷花池，构成了一幅和谐的花鸟画，可以说万绿丛中点点红。走进池旁细细观赏,一条条小鱼在水中游戏,有红的、白的、黑的,还有全身绣满花瓣的,一条条活灵活现。若是有游客将双脚浸在水中,那些鱼儿准会来吻你,好像在跟你撒娇。这些鱼不光会撒娇,还会跳龙门,有一次它们突然从水中跃出,我及周围的人大惊。有了欢快的鱼儿、低垂的杨柳、茂密的树林、蔚蓝的天空和精美的亭台楼阁的衬托,荷花池更美了,但这不如单朵的荷花。细细品味,荷花犹如一位穿着粉色婚纱的亭亭玉立的新娘,对着我甜甜微笑。快走了,我有点依依不舍,开始仔细打量起这片荷花池。此时蜻蜓点着荷花荷叶,可以不太形象地用"小荷才露尖尖角,早有蜻蜓立上头"来形容。这里除了蜻蜓,还有飞鸟,它们翱翔在天际,还时不时俯冲进荷花池中觅食。这是一幅最完美的画卷,任何人都画不出来,所有见过它的人都会为之痴迷。

这是一次全新的经历,它让我见证了奇迹。

风荷曲

金小琰

　　荷，着实是独具一种女子姿态。荷花未发为菡萏，已发则为芙蓉，又如君之颜倾一城再倾一国，司马相如称其为出水芙蓉之色。芙蓉，意为敷布容艳，卓文君青春风貌大抵与将放的荷花相同，红衣含羞，侧露芳容，盈盈灵动，出水芙蓉。司马相如以风雅情曲求之，风荷一曲，琴瑟和鸣，真乃君子姻缘。娇美的荷花也曾贪恋人世，相传它曾变成个素衣粉面的女郎，娉娉婷婷，赠那青衿少年以玉环，如此情思，方不负其绝色玉质。久而久之多了些采莲女子。

　　衣红罗，系晕裙。乘莲船，执荷花，歌而舞之。却是一入池中看不见，闻歌始觉有人来。不知是伊人衬得荷花红，还是荷花熏醉伊人脸。我无缘沁入花池之中，只得近而嗅之，嗅到的荷花的气息，却不是寻常花的香，而是一种很适意、舒服的味道，幽然、幽然地弥漫整个荷塘。

水面自在地扑腾着些自以为是的昆虫——水蚊子，它们强有力地跑跳着，形成一朵朵雨点般的水花，阴差阳错地就引来了几丛乌云。真正的雨点儿接踵而至了，它们先是作淑女模样，一点、一点地下，后来，应是嫉妒那清荷美貌，奔放地狂舞起来，豆大的雨点，劈头盖脸地砸下来，风也恣肆卷过，好一狂野的诗意景象！我们任性地在风的催动下，与水面一唱一和。豆大的雨点打在花、叶上，一圈圈滚落到莲心，修长的枝倔强地撑着花，但荷裙仍旧随意开。东声来何处？应自荷中来。叶里绽开雨的声音，生气满满，灵动满满，滴落荷叶上，也滴进耳朵里，野性的声音不住振动，这样的风荷一曲，倍加迷人眼、迷人心。雨越下越大，诗意已糊成了眼前的一片昏黑，只剩下一身的湿意了。

风雨将我们赶出了雨篷，只能赏些折下的花枝，神色已有些萎靡，红衣边角略略卷曲，佛座须也落下了些金黄的丝线，叶子被热气蒸干了水分，皱巴巴的，一脸委屈。莲，才能惹人如此的怜爱，古人曾想留荷之香，但怎能长久？有些美丽的东西会随着你越走越远的岁月逐渐消失。

你的脚步,只能匆匆地走向新的美好。荷枯,是不久之后的事,荷生则是继荷枯后不久的事。冬天来了,春天还会远吗?如此一想,我竟有些期盼一地白雪了。

真正美的东西,它的外表藏在你的眼里,灵魂驻在你的心里,深意留在你的脑海里。荷花于我,就是这样的存在。

游广惠宫

张骆一

迎着火辣辣的太阳,我们一行来到道观——广惠宫。这个道观始建于北宋治平年间,已经是一位经历了上千年风霜的长者了。在我未到之时,他一直蒙着神秘的面纱。

一看到广惠宫,我的兴趣便减了大半,没想到这名闻天下的道观大门一点不气派,进去就是一个殿,还不大,没有牌坊这样有气势的建筑。走进殿中细细观察,原来正面朝着我们的是全称"先天首将赤心护道三五火车王天君威显化天尊"的王灵官。王灵官的全称那么长,说明人们肯定敬仰他,这么个小殿怎么供得下他呢?继续往前走,就看见在王灵官的背后有治水有功还爱吃冻狗肉的祠山大帝。他俩一前一后,一个手拿金元宝脚踩风火轮,一个嘴角微微一笑,容光满面,在这殿里真是煞了威风。接着往前走,一座圆形的石台吸引了我的注意。在这座石台上,一根柱子傲然挺立,上面刻着浮雕,边缘的十二生肖个个栩栩如生。这是干什么用的呢?我一个机灵,想起以前在书中看到过一种古老的钟,它根据中间柱子的影子来判断时间,那柱子是有十二个生肖的,可表示十二个数字,这肯定是钟!再往前走,就是一个较为气派的大殿,里面供奉着三尊神像——黄大仙、财神和文昌帝君。最大的莫过于黄大仙了,他仪态安详,手持拂尘,平静地注视着我们。文昌帝君身披红袍,内穿黄袍,身套腰带,右手拿毛笔,左手拿本子,用平和的眼神望着我们。那财神呢?他手上拿着金元宝,穿着与文昌帝君差不多。相比较之下,黄大仙的神像做得不怎么精致,颜色也不怎么鲜艳,还有点陈旧;而财神和文昌帝君却不同,他们的神像做得很精美,颜色也艳丽,而且崭新崭新的。绕这个大殿转了一圈,我发现在墙壁上刻着几幅壁画,线条很柔美,但不像烂泥那样软绵绵的,而是透着力道。人物的神态都有点严肃,谁叫他们都在修道呢。我最喜欢的那幅是黄大仙兄弟二人一起盘腿坐在垫子上修道,香产生的一缕缕细烟在他们的周围飘荡,让人感觉身临其境。还有一幅壁画上,一位身穿长袍的神仙站在浮云之上，在他旁边的云彩之上还站着许多天兵天将，威风八面。

参观完道观，我们便取出自己的画材开始画壁画，我画得很累，更何况那些工匠把图画雕在木板上，我由衷地佩服那些工匠。吃饭的时间到了，我们应该离去，正如徐志摩说的"挥一挥衣袖，不带走一片云彩"，我也没有带走什么，只是一个梦幻般的回忆。

笔

金弋洋

　　毛笔,是中国古代的一种书写工具。毛笔写出的字,有一种古色古香的韵味。而湖州毛笔,更是毛笔之王。在浙江省湖州市,有一座古镇——南浔古镇。这天我来到这座千年古镇,踏上了寻找湖州毛笔的征途。我走在古镇街道上,四处寻找湖州毛笔的足迹。忽然,在一群古老建筑中间,出现了一座笔庄。我眼睛一亮,心想:"这笔庄说不定有湖州毛笔呢。"想着,我便跑进了这座笔庄。

　　果然,在这笔庄里,陈列着各种各样、大大小小的毛笔。大的长约一米,给人一种豪迈之感,而小的仅仅十几厘米,虽然小却极其精致。我开始细细观赏这座笔庄,细细欣赏这些毛笔,仔细品味毛笔的韵味。这才发现,其实一走进笔庄，迎面便可见一幅蒙恬的画像。蒙恬身披一身盔甲，威风凛凛。可是他手中握着的，竟是一支笔，仿佛正在写什么。这让我百思不得其解，为什么堂堂一位将军，手中握着的不是威武的刀剑，而是文绉绉的毛笔呢？查阅资料才知，原来，是蒙恬发明了毛笔，他可是毛笔的祖师爷呢！

我又看向一旁一盒三支装的毛笔。远远看，笔尖两黑一白，但细细赏，却不是这样。最旁边那支黑的，底部呈棕色，越往上，颜色越深，渐渐变成了黑棕色。再往上，那一点尖，是纯黑色，黑得那么无瑕。另一支与黑头的毛笔形成了鲜明对比，是雪白雪白的，真像是一位身着白棉袍的贵夫人，正要去参加晚宴呢！再看看另一支笔，既不是黑色，也不是白色，似乎比谁都高贵。它的颜色，由白到黑，最底下全白，只黑了一点尖，并且这两块颜色，并不是硬邦邦地贴在一起，而是像用中国画法晕在一起，融合在一起。虽然隔着一层玻璃，可这三支毛笔那高雅的气质，却尽显无遗。

最令人难忘的，是店里另一支巨大的毛笔。它的长度差不多有我这么高，这高大的形象，真像是个自沙场凯旋的战士，永远屹立不倒。毛笔的笔杆上，刻着三个刚劲有

力的金黄大字"笔之运"。这三个字，在我的眼前，似乎不是字，而是常胜将军的荣誉徽章。当看向这支大毛笔的笔头时，给人的感觉又不一样了，它黑白相间，让我觉得颇具规律。这一头黑白相间的毛，更像是苍茫的发。想到这，我不禁肃然起敬。

百间楼

张骆一

　　燕子高飞，水波荡漾，又是一个炎炎夏日。举目，但见钓鱼的钓鱼，扫地的扫地，参观的参观，洗衣服的洗衣服，做生意的做生意，一派祥和。

　　今日，我们来到这儿——百间楼。一进景区，便看见无数的古民居矗立着，白墙黑瓦，犹如走进一个黑白世界。走近细看，一道道圆洞门、一扇扇花窗、一道道风火墙，看似一样，实则不同。有些风火墙大胆地展示出全身，有些却躲躲藏藏，小心翼翼地露出冰山一角。它们的形状也不一样，有的尖角，有的圆角，有的像三级楼梯，有的却又像两级楼梯；不过每一道风火墙都有共同的特点，远远看着顶上有两条黑线，其实就是瓦片。圆洞门则比风火墙无趣多了，其实就是一个个为了让人能不被高高的围墙挡住而打通的圆洞，说不一样，其实是因为它们上面的顶，有的平，有的尖而已。我最喜欢的就数花窗了。虽然它们在世上有很多，不足为奇，但这儿的花窗很精美，上面一折一折的线条，既不太弯又不太斜，在河对岸仍能清晰地看到那精美的纹饰。

百间楼，顾名思义，就是有一百间楼房，这里虽遭受了日军的轰炸，但重建后也差不多有一百间了，所以主要看的还是楼。房子多种多样，既有一层的，也有两层的，大小不一。我最喜欢种满植物的那一幢房子了，只见两道风火墙把楼房夹在中间，犹如一对父母带着一个胖娃娃。这栋楼门前的两根柱子上爬满了嫩绿的茎和叶，椅子上摆满了鲜绿，尤其是屋顶几盆植物，吸引了我的眼球，特别好看。

除了建筑，可值得一赏的还有燕子、游鱼、垂柳、青苔等众多映衬百间楼的景物。燕子喜欢在屋檐上筑巢，有的甚至在一根房梁上搭起了一两个窝。看，那些燕子身穿白衬衫，背披黑大衣，嘴抹黄唇膏，比满月的小宝宝还可爱。它们有时还会聚会似的在空中飞翔，好不美丽。垂柳和游鱼是般配的，垂柳的枝条飘荡着，在水中投下碧影，鱼儿在水下绿荫里嬉戏……

　　坐在河边的石阶上,细细观赏:房屋连成一片,群鸟飞行其间,鱼儿嬉戏水中,柳枝随风舞动……真是一幅和谐的水乡风景画。我幻想着有一叶小舟载着我,在水中穿行,感受"舟行碧波上,人在画中游"的美好!

当我找到了你

金小琰

原以为先前走过的一方天地已包揽了南浔的模样，不曾想，仅是小小的南栅，不知踏了几多步方至北栅百间楼。

初见便觉蔚为壮观，近四百米长的河道两岸，各色骑楼相接，廊檐相连，人家亦如流水般互通。高柳夹堤，垂落丝丝情调，相传，是明万历年董份娶孙媳做陪嫁家仆的住所，也曾是"百间楼上倚婵娟"，如今仅是当地人的老民居。门前多有长绳或竹竿，衣服洗后晾于门前，在平淡的自足生活中种上诗意，是竹竿上青葱的藤蔓，亦是奇石板上摆的绿植，偶有耐不住寂寞的凌霄花落下些橘红色的明艳与活泼。

一路上最喜人的便是燕子，燕子，燕子！只只黑色的小精灵,扑闪着薄而轻快的翅膀,自由地来回飞着,用尖的喙点点衰老的房子,应是一个它们之间独有的仪式,永诺了长长时光的陪伴。更多的时候,它们总是立在房檐下,呆呆地扭动着脑袋。这两岸的水墨丹青,实在为发呆的好去处。白墙黑瓦的安静,滋养出这儿的人闲适满足的生活。人们用亲和与燕子生活在同一方天地。屋角、梁间,是大大小小的燕窝。在南浔,连燕子都是富有的,小小的廊檐间,也能造出百间窝。沉思间,几只怔住的燕子扑棱着飞起了,往浓浓树影中飞去。脚不知疲惫地提起,落下,路边乡邻手持蒲扇,谈笑风生。听不太明晰的乡音,欢快地钻进老墙里,依靠着异于炎热的墙的清凉,这是经过四季的沉着,是一个时代的遗迹该有的陈旧味道。疲惫地躲在老树的阴影里,这是北栅长长的韵致。有了居民的南浔,多了平凡的生气,多了煤炉冒烟的火气,我找到了活着的水乡,不为取悦游客而生的淳朴存在,没有死板的景区风貌,那一点不傲气的亲和阁楼,忘了跟上时代的脚步,忘了追求利益的潮流,它只是清清的绿水,长久不断地流动美好,流动着生命真正的美好。或许不需要买票,不需要修饰。只要不停的脚步,去寻找。

南栅是大家闺秀,北栅是满满的烟火亲和,没有一丝

清冷的气质，让燕子来往，亲邻相谈。它有着空荡而闲适的模样，可能是个俗人，但这个俗人却因俗气而温暖。延续了从前的功用的百间楼，延续了人的朴实、水乡的风情，像用心去酿了一壶浊酒，飘散着陈旧香气，还有酵母依然鲜活。

想做一个凡俗的人，拥抱烟火气息，我找到了俗世的南浔北栅，接下来的步步生花，都只为闲适惬意地去做最真实的自己。

辑里湖丝

张骆一

一个下午，妈妈给我带回了几十只蚕宝宝。那时它们正在吃桑叶，吃得可欢了，我心里也乐开了花。十几天之后，蚕宝宝蜕了几次皮，吐出了雪白的丝，成了茧。飞蛾破茧而出后交配产了卵，便很快死去。不过，那二十来个茧和那些卵我却留了下来。看着毫无杂质的纯洁的蚕茧，我的心里泛起阵阵感动，感动于这小小的生命的神奇、自然造物的神奇！

"辑里湖丝甲天下"，今天，我走在南浔的古镇上，准备去看看湖丝为何如桂林山水般名扬天下。进入辑里湖丝博物馆，绕过一块大石碑，便看见一匹匹绢布从高空垂下，犹如一条条飞溅的瀑布。走进屋中细细观赏，每一匹布都有各自的花纹，有的明显，有的模糊，有些甚至在两步之外便分别不出是否有花纹了。我最喜欢的有两匹：一匹全呈铜色，大块花纹较亮，而拥有优美线条的则较暗，这两者形成的对比增添了这匹布的美感；另一匹布浑身均为乳白色，上面的花纹很淡，正因如此，挂这块布的地方如同刚下完鹅毛大雪。把这些布匹连在一起看，犹如飘落凡间的彩虹。在"彩虹"的前面，这里的镇馆之宝被簇拥着捧出来了。或许是因为这个宝物十分珍贵，才把这些精美的丝绸挂在这里映衬它的吧。慢慢品味这个"珍贵"的宝物——两团毛茸茸的、蓬蓬的、白白的产于清末民初的辑里湖丝。这么朴素、平凡的文物为什么会成为镇馆之宝呢？我觉得肯定是那时候留下的这种东西少之又少，可能只剩下这两卷了。

继续参观，更多的藏品展现在我的面前，其中有一件厚厚的棉袄吸引了我的注意力。棉袄的外面是用蚕丝做的，里面全都是毛，让这件衣服看着大实际小。看着看着，我仿佛感觉到自己在遍地雪白的大冬天穿着那件大棉袄在滚雪球……店里，除了普通的棉衣，还有皇室穿的龙袍、后袍、太子袍。太子袍挺短的，袖子也不长，从中间往下看的话应该是从窄到宽，衣服中间偏上的地方，还有一条龙在飞舞。这条龙的头比较大，眼睛也瞪得圆圆的，似乎在用好奇的目光注视着我们。龙的下面一点，就全是一片金色，宛若一条龙在金色的云层之上遨游。后袍不像太子袍那样颜色单调，有两条龙在玩弄宝珠，衣领上绣着牡丹花。龙袍最精致，绣的龙也最多，而且最特别。一共有五条龙，胸前飞着三条，腰带上盘着两条，它们目不转睛地平视着四周冒火的珍珠，好似只等着一声令下"开始"，它们便会疯了似的冲上去抢那颗大珍珠。龙袍的下面部分与后袍差不多，都是由紫、绿、粉、蓝四色的线条组成的没有底边的三角形，像五彩的波浪。三角形的边绝大部分都被上面的祥云挡住了。除了龙袍，这里还有一些叠在一起的布匹，虽然不引人注目，但上面的图案很精美。其中有一匹布上还绣着一对正在花园里玩赏的夫妻。

在这个博物馆里，我们还见识到了辑里湖丝的韧度：一根细细的蚕丝之上，挂着十来个铜钱，换作别的丝线肯定会断掉。旁边展出了一篮蚕花，他们都是用蚕丝做的吗？不，这是用纸折的，如真花般美丽，似乎还能闻到它的芳香。实际上，这是用来祈求蚕丝丰收而做的，得戴在姑娘们的头上。

参观完博物馆，我便迫不及待地拿着笔记录起来。没想到，我最喜欢的还在后面。

我画完画，三姐带我到另一个展馆。那里灯暗，人少，又有点阴森，挺恐怖的。不过我喜欢里面的展品，一个个制作辑里湖丝用的工具。最开始看到的是用来孵化蚕宝宝卵的筛子，高高的架子上，十来个筛子整齐地从上到下排列着。我若是蚕宝宝，一定要在这个舒服的"婴儿箱"里多待一会儿。我最喜欢的景象就数结茧了，一个个小小的有十来根麦秸的草垛中，七八个茧或是暴露在光天化日之下，或是跟我们玩捉迷藏，躲在麦秸一侧，有的甚至因为害羞而贴在同伴背后。看到一个个洁白的茧躺在我的眼皮子底下，真想拿几个出来玩玩。

真是盛极而衰啊，清末民初风行一时且获国外大奖的辑里湖丝在21世纪败落了，就连机器也锈迹斑斑了。俗话说"百无一用是书生"，但我觉得"书生"能把硕果仅存的辑里湖丝记录下来，告诉世人曾经有一种伟大的丝绸，征服过全世界，也是功德无量啊！

浔溪棚船到莲庄

张骆一

　　清晨，小莲庄外，许多圈棚船正停泊于鹭鹚溪畔，真可谓"门泊鹭鹚万里船"。静谧的荷花池，水波微微荡漾漾的水面，幽深的小径，充满意境的竹林，一切都是半苏醒的样子，还没有游人经过，十分寂静，这便是小莲庄码头一日的最初时光。

　　来到广惠宫码头，我准备坐船前往那清净的地方。这广惠宫旁有座广惠桥，在桥的中间，四只小狮子分成两对。其中一对，两只狮子的头都往中间一歪，一边目视前方，一边偷偷在用余光瞄着对方。他们都在玩球，球也都靠中间，双手捧着，碰着了胸前挂着的铃铛。我仿佛看到那铃铛摇摆着，听到隐约的"叮当叮当"的声响。靠近广惠宫蹲着的另一对大石狮子，其中的母狮子搂着两只小石狮子，大狮子神态安详，平和地注视着前方，一只小狮子玩着球，活泼可爱，另一只小狮子则躲在妈妈的怀里。

广惠桥的桥洞挺宽，洞壁上长着几株野草，看着挺舒服，若把水中的倒影与桥相连，犹如组成了一个圆圆的月亮。偶尔往来的船只打破了这一宁静，除了普通的客船，还有渔船、婚船和环卫船。婚船浑身大红，举行水上婚礼的时候可以用到；环卫船实际上是捡拾水上垃圾的；渔船最有趣，它上面停着羽毛乌黑、嘴巴橙黄的鱼鹰。我们等到了一艘客船，于是出发了。

上船了，船左右摇摆着，好似一个摇篮。我坐在船上，时而向左倒，时而向右撞。一下子工夫，船就过了广惠桥。我努力把手伸向水面，可就是碰不到，船的另一边不断往下沉，我便叫上朋友把我们这边的船沿往下压，好让我可以碰到水。可是，计划没有成功，朋友的发卡倒是掉进了水中。"啊！"她大叫起来，引得全船哄笑。转眼之间，兴福桥也向我们身后移去。过了一会儿，船随着水波朝着我们这边倾斜，终于能与浔溪水亲密接触了，这时候的感觉如此丰富：那么温暖，简直可以让冬天的冰雪融化；那么舒服，就像抱着一条长长的蚕丝被；那么柔软，犹如一个蓬蓬的蹦床……我开始与朋友打水仗,她先掬起一捧水,朝我的手泼来,我大惊,便用湿了的手往后拨了几下,不知道有没有洒到她。就在这时,通利桥到了眼前,我正注视着这座桥呢,朋友又一捧水朝我背上一泼。我有点生气了,便也向她泼了几捧水。时间一分一秒地流逝着,来到了一座小木桥。水面波光粼粼的,一部分光线投到木桥上,亮闪闪的,极为好看。

到了目的地——小莲庄码头,慢慢回头向北走。过广惠桥,看到一座极小的安定桥,它根本没有横跨水面,只是在一片很小的回旋的水面上建立起来的。其实建不建都无所谓,可能是因为平地少,想增加点陆地面积而已吧。继续往前走,通津桥映入我的眼帘。这座桥很宽,十个人并排走也不会觉得拥挤。往西细看,一座戏台矗立着,往北看,洪济桥远远地高耸着,怪不得这是全镇的制高点。接着,我们准备去走洪济桥,但走了数百步仍见不到它的全貌,我们便穿过小巷,来到运河旁边一看,原来洪济桥就在我们眼前了。近看洪济桥,它更加气势磅礴。我们走上桥,桥很宽,而且每一级台阶都是由一根根又长又宽的石条做成的,可气派了。难怪湖州诗人董蠡舟在《浔溪棹歌》中唱道:"运河横贯市中心,南北支流屈曲通。画舫千家夹

明镜,石梁三道卧晴虹。"站在桥上,古镇的景象尽收眼底,不禁令人想起与通津桥、洪济桥齐名但被拆了的垂虹桥,那该多庞大啊!

去南浔,必然要坐船,唯有这样,才能领略这里的风采。下次再来南浔,我定要从浔溪的最北边,坐着船,悠悠地穿过一座座百年古桥,静静地欣赏两岸那迷人的风景,一路向南,到莲庄。

浔溪棹歌

金弋洋

"运河横贯市中心,南北支流屈曲通。画舫千家夹明境,石梁三道卧晴虹。"暑期,我终于来到了水乡南浔,享受了乘船的惬意。

我们从小莲庄出发。那里排队的人很多,好不容易轮到我们,看着那艘向我们驶来的空船,我又高兴又激动,心想:"在水乡南浔乘船,会与别的地方有什么不同呢?"就这样,我怀着一份激动与猜测,坐上了水乡南浔古色古香的客船。

这儿的船与别处不同,别处的船大多是电动的,速度极快,周围的景物一掠而过。这儿的是人工划船,只见那船桨悠然摆来,悠然荡去。水面划出几道柔美的波纹,船渐渐远去，四周的波纹仍在荡漾，渐渐地，荡向天边。忽然，一阵微风拂过，几片柳叶飘落下来，轻轻落入溪中，又击起几层淡淡的波纹。虽说浔溪与柳叶都是绿色，可浔溪是浓绿，柳叶是青绿，两种不同的绿色放在一起，也别有韵味，柳叶点缀着浔溪，浔溪映衬着柳叶。

船继续往前行，太阳出来了！明媚的阳光照了下来，照得浔溪波光粼粼。溪水又将阳光反射在了船篷上。那反射在船篷上的阳光，忽隐忽现，千变万化，时而如波纹荡漾，如梦似幻，时而如细细碎碎的银子撒在船篷上，忽上忽下，宛若仙境一般。忽然，在这片浓浓的绿水中冒起几个泡儿，紧接着，一条乌黑的鱼隐隐约约显现在我的眼前，越来越清晰，忽然浮出了水面。"啊！是一条乌黑的鲤鱼！"我惊叫起来，目光紧紧地锁在这条鲤鱼身上，看它在水中嬉戏，时而下沉，一下子没了踪影，时而上浮，我悬着的心又落了地。有时，它还把肚皮露在水面上，我惊奇地发现，这条乌黑的鲤鱼竟有个白得发亮的肚皮。

船继续向前，我们遇到了第一座石桥——蒋家桥。船经过蒋家桥，那宛若仙境般反射出的阳光出现在了这座桥上，紧接着，盛夏的酷热也被席卷一空，一阵清凉笼罩了我的全身，让我感到无比的心旷神怡。

船很快过了蒋家桥，又经过了万古桥，来到通利桥。虽说没有年代记载，可古老的石头，却将通利桥古老的岁月尽显无遗。通利桥的两旁，刻着一副对联，由于岁月的冲刷，已变得模糊不清，我真为这古老的印记深深惋惜。船继续向前，我们又陆续经过了兴福桥，以及方便游客通行的木桥。当然，我们也遇到了成群结队，簇拥在一起，停泊在岸边的客船与喜船，最引人注目的还要数它们了。只见一艘客船篷上裹着蓝印花布，蓝底白花，给原本就用老木构成的船又增加了一份古老。它的四根老柱上也刻满了各种图案，不细看，还看不出来。那些图案，有腾云驾雾的神龙，正喷吐着火焰；有古老的木屋，正冒着浓烟；还有一圈圈的螺旋纹，那么有规律……这些图案，无不让人感觉到时光的缓慢。再看另一艘喜船，它四柱都绕满了花，每朵花都有三四片绿叶簇拥着。喜船的两侧，也缠着许多，就连船篷上也盛开了一朵大红喜花，可来不及细细观赏，船又向前驶去……

　　"圈棚栏槛照波鲜，水国家家具画船。只少吴娘好身手，两只柔橹荡凉烟。"看着这绿绿的浔溪，古老的石桥，悠悠的木船，我不禁对往日的古镇充满遐想："也许只是一位商人悄悄走过，也许只是一个小孩快乐跑过，也许只是工作人员来回走过。可是,他们的脸上,都带着一种富足,一份悠然……"

小食记

金小琰

在南浔的早餐,有一碗小馄饨的风味就足矣。早晨清爽的风里,品上一碗热气腾腾的小馄饨,烫热后柔软的面皮裹着鲜美的肉香,酸辣调料的滋味随着浮了猪油的清汤在舌尖一路小跑,口中满足的软和感,连执拗的起床气都一同抚慰了。这般滋味是一直牵连到记忆深处的。外婆的手中,总能拿出许多可口的小吃,小馄饨,便是仅次于玉米羹的存在。外婆的手指灵巧地翩飞着,将肉和皮服帖地合成一个个松垮的小包袱,于开水中滚熟,连热汤一同浇入预先配好的辣椒面、酱油、盐等家常调味料。表面化一层熬好的猪油,最出彩的是后面洒上的馄饨松——油炸馄饨皮,脆脆的皮在清香的汤中软化,极丰富的口感碰撞使柔软的馄饨有了别样的性格。这样的美好，不吃完两碗，外婆手中的翩飞是绝不会停止的。一碗小小的食物，伴随着我大大的成长，变成岁月里割舍不断的眷恋，每每尝到，心头总会浮现那张爬满皱纹的脸，那碗带来幸福的小吃。而南浔的馄饨却又是如此不同于外婆的手艺，从包法上就有千差万别。南浔的馄饨，像是为了应和其大家闺秀的气质，合成作揖的形态，像个彬彬有礼的君子，不慌不忙地在开水中悠闲滚动也不至散形而失了风度。盛起时清汤盈盈，撒一把碧绿的葱花，在飘忽的温热熏气中勾逗起昏沉的食欲。加点醋，加点炒香的辣椒油。红彤彤的油色火热地点燃了早晨的清冷，极快地，一碗馄饨便落肚了。总是会不由得小憩，以消化吃食物的疲累，那种慢慢的、清闲的回味，是对美食最好的回馈。一碗馄饨，点燃了一天的鲜活。食物每分每秒持续散发着的能量，支持着脚步，支持着思考，支持着生活的动力。"民以食为天"，一份小小的食物，足以撑起人生的一方天地，包裹着对食物，对时光，对人的美好回忆，从味蕾开始，一直有感到心底。吃东西的动作与人而言，不光是一种本能而已。面对不同的馄饨，我总吃出同样的美好，不同外表的美食中连起地域间关于风俗的记忆。米白的小包裹，裹着新鲜的南浔记忆，包着热辣辣的小食记，馄饨，来南浔必食哟。

江南好·杭州

穿行良渚

金小琰

其一　玉琮缘

在时空长河中,历史的车轮缓缓地驶过,从原始走向文明,深埋于地下的良渚,留下车轮的印迹。

在灯光昏暗的博物馆里,陈列着一件件玉石制品,它们见证了那段蛮荒时期的蜕变。从那时起,人们拿起了工具,既而叮叮当当敲响了自己不同凡响的命运,一步一个脚印地站到了食物链的顶端。部落的建立,使人们聚拢在一起,学会了团结;手工艺的兴起,使人们对美有了新的追求。人们变得尊卑有别,玉变成钺和犁,身上有了饰品,有了纺织的器具,有了遮羞的衣服,他们的头脑更加智慧,用兽纹来装点衣服和器皿，文化由此诞生了。

眼前这个精致的器皿是玉琮，外方内圆，上下通透，兽面纹雕，满是岁月留痕。在良渚时期，这个造型奇特的礼器是用来祭地的。当时良渚在长江下游，傍水而居，我猜想，他们是为了祈求风调雨顺，不发洪水吧！这玉琮不禁多了几分庄严肃穆。很难想象，在工业如此落后的时期，这精雕细琢是怎么完成的。无从考证，我们只能站在这个玉琮前，对良渚发出无尽的感叹：小小的礼器，拥有大自然的灵性，是人们对天地的崇敬。在昏黄灯光的照耀下，引我不尽遐思。

几千年前的文明在此浓缩，新石器时代翻天覆地的改变，使人学会了很多，逐渐变得团结、智慧、强大。在这个文明开始的地方，一份质朴的美震撼了我。在工业化的今天，我再次畅游了手工艺的世界，找到最纯朴的做工，沿着良渚土地上车轮的痕迹，走进了粗犷的文明。

其二 陶恋

她是一块清秀的泥，温润的，虽然不是最易塑形的，却白白净净，似是女子静谧的脸庞。他，是一块泥，怀着一颗炽热的心，想成为一件优秀的作品，却被粗心的制泥人揉进了两块石子。她和他靠在一起,心和心粘在一起,感受对方的火热,他们不怕不同的颜色,不论不同的外表,毅然决然地相恋了……他们享受在一起的每一天,晒太阳,吸露水,保持微微湿润的状态。为什么要这么努力呢？因为他们渴望一场破茧成蝶般轰轰烈烈的蜕变,终于制泥人说:"可以做了！明天就烧了吧!"他满心欢喜地等着,而她却怀着满腹心事,第二天,她无声无息地拿走了他身上的石子。

他被做成瓶子。窗前一枝花,娇态十足,含露淡笑,他常常朝窗顾盼,心中有一种异样的感觉。在窑里,高温中,火光里,他期待着能让花儿插在自己怀里,他不知道,为什么第一个想到的不是她,他也不知道,那两块注定自己会烧裂的石子到哪儿去了。过了一会儿,开窑了,制泥人轻轻叹了口气:"唉,不中用了!"说着把碎了的她扔进桶里,他以为她的心变得冰冷了,便保持一种漠然的态度,他眼中竟闪过一丝看不起她的轻蔑。当看到裂口处的两块石子,羞愧使他发热,从心口裂开一条长长的口子,他,也碎了,被扔进桶里。他们又在一起了,被细细磨成粉,烘干了的他们炽热的心又粘在了一起……

火·窑

金三易

火是有灵性的,神圣而温暖,好像一颗炽热的心。

尽管它偶尔会恶作剧,但带来的大都是繁华,这几天,火要帮助我们烧画好的小陶碗。

一个冒着烟的铁筒,一堆土,一堆砖,几排包得密不透风的碗,老师与农民先在底下留了一圈湿泥,在有洞的地方留了空间。他们把砖一圈圈地叠起来,用泥土当作黏合剂。我是小孩中第一个开始帮忙的,我把泥土握在手上,模仿大人工作。其他人也纷纷响应,一个个像模像样地干起活。一个窑渐渐成型了。

趁休息的空隙,我把手上的泥涂到熊童子的脸上。

最好玩的无疑是点火。干草上都沾上了水,变得很潮,用打火机点起来的火一下子就灭了。明明烧得有些旺了,不一会儿,烟雾四起,火又灭了。谁叫这潮气这么重呢?

百般点火,终于,火大了一些,我们赶紧往里加碎木,这是为了把窑壁烘干,但又不能把火烧得非常旺,这是为何呢?原来温差太大会使陶坯裂开。

老师往里加大竹片与木头,这是用来保温的。

竹片与木头上冒着白泡,像一个中毒的人。其实,他是在往外排水蒸气。

窑内的壁干了,但旁边的泥土还带点软,因此还不能把碗放进去。植物私塾的老师说,一件陶瓷要烧四五个小时才行,而碗,起码要到后天才可以完成。好想时间过得快一些啊,让我赶紧去未来,看看我们亲手烧制的盏和碗到底成什么样儿吧!

碎得如此美

金三易

开窑，是期待已久的。捡碗时，是无比紧张的。

打开封土和防火板，里边是一些黄色的炭末和碗。小琰的碗差不多是在最上边，几乎完好无损，有着红黑色的火痕，还有轻微的褪色，此外没什么变化了。

随着挖灰的进行，完整的碗的主人欣喜地狂奔。而挖出我的碎碗之后，我只剩下了忧伤。

我的陶碗是炸碎的，上面有一些光滑的草木灰釉，深绿色，碗沿上有一个凹陷的坑，裂口处像一条仰首的龙，颜色模糊不清。但整个碗上的釉清晰可见，特别地美，从棕色向下过渡到深绿色，又变成墨绿色，再到火红，最后是深红，它的形状像一支箭。

火这个魔术师把碗变得五彩斑斓,碗上的画多了一片火烧云与绿云。屋顶的瓦片上多了苔藓。梅花,被染成白的,而原本土黄的底色,变得五光十色。

尽管很难过,我还是强作欢颜。三姐送给晋哥的生日礼物也碎了,留下三片小碎片,上边画着三朵合欢。她紧张地等着,目不转睛地盯着窑,却看到了碎片,与我同病相怜。

尽管碗碎了,但我还是很爱它:第一,这是我亲手做的;第二,残缺得如此苍凉,如此悲壮,不是完整的碗,却是完整的艺术,美得惊心动魄,美得令人感伤又欣喜。它感动着我,我的生命因它又完满了一部分。

陶　瓷

王韵涵

郭沫若说了："陶器的出现是人类在向自然界斗争中的一项划时代的发明创造。"

走进陶器展览室，千千万万的陶器散发出久远的芳香。慢走到一个陶器前，细细观察着，"青瓷瓜棱形执壶"吸引了我的目光。金黄的光直直打在壶上，发出一阵刺眼的亮光。一条略微弯曲的手柄插在壶的中上方，不偏，刚好；圆溜溜的身体有几处凹凸的痕迹，仿佛是水波的一呼一吸、一起一伏；壶盖陷下去一截，仿佛一顶帽子无意中进了深厚的沼泽；壶嘴细小，不是很大。光的照射使壶嘴多了一份迷离与梦幻，好像正有一滴香浓的茶水在尖点上挂着。

中国作为四大文明古国之一，自然不能少了陶瓷器。"青瓷莲瓣纹盖罐"也是一样精致的宝物：层层叠叠花瓣团于其间，由深至浅，仿若莲花宝座，却不知藏于丛中的是何人，是头披白纱的上仙，还是不食人间烟火的人间女子？可惜，它顶头一个薄而实的盖子挡住了这份猜测，使我想要弥漫开来的想象一下子烟消云散。

古人尤爱喝茶，更不可少的就是饮茶的杯子。时粗糙，时细滑，倒上一杯清香四溢的茶，袅袅的水汽伴着茶香扑鼻而来。"青瓷海棠口碗"与别的杯子不同，光而滑并不是其特点之首，它的表面竟有些凹凸不平，乍一看，与"青瓷瓜棱形执壶"有相似之处。

"声如馨，明如镜，白如玉，薄如纸。"瓷与陶不同，陶沉厚深邃，像泥土中的一抹烟雨，而瓷却如玻璃般清澈透明，是大地上的一泓清泉。

香草世界

楼思语

薄　荷

　　淡淡的甘凉味在篱笆旁弥漫，味清甜、柔和，好似一杯清冽的泉水，整个口腔都是薄荷在作怪。有点像微凉的秋天，不似夏天的炎热，又不似冬天的严寒，那感觉，就像轻轻披上一件毛衣，站在街头吹着清凉的风。银杏叶悄悄滑过肩头，又缓缓落下。宋代诗人陆游也甚是喜爱薄荷，更有"时时醉薄荷"之佳句，而薄荷在《楚辞》中就早已记载着用处。植物私塾中，但见篱笆墙边，一株株薄荷亭亭玉立，探出淡绿的脑袋，正向我们的大部队露出灿烂的笑脸。

紫 苏

紫红色的叶片在大片的绿色中格外显眼,后背黄绿交错的色彩,更是容易分辨。紫红色的经络在叶片上舒展至极。齿轮似的外廓并没有把她温柔的一面掩盖,短短的绒毛在叶片上跳起舞来,只闻见淡淡的清香,近些,一张害羞的脸庞如同阁中的江南美人,淡淡的味道,需深呼吸,方可享用。

柠檬香茅

微微柠檬香在指尖绽放,形似杂草的柠檬香茅,不如含羞草娇羞,也没有迷迭香那么浓重的香味。柠檬的酸让人们无法忍受,但柠檬草却只有丝丝酸意。一簇柠檬草中掺杂着几位小朋友,耷拉着脑袋,被父母簇拥着。它的叶片又长又扁,完全异于薄荷紫苏的肥硕。柠檬味淡淡的,却层层叠叠留在我的心中,令人想起松柏的叶,直立枝干上,拥有淡淡松香。柠檬香茅每一片叶的香似乎有所不同,尖上的叶子茶香浓厚,越下面的越淡,交杂在一起的叶舒展着身姿,毫不拘束。风一吹,曼妙的舞步羞涩地跳起舞来,人与草陷入天然的舞池,无法自拔。

迷迭香

　　墨绿色的迷迭香形似松柏叶直立在枝干上，闻起来有一股香味；柔软的腰肢在风的洗礼中曼妙起来，羞涩地红了脸颊，就好似晚霞在天边亲吻了她；交织在一起的叶片舒展了身姿。一枝迷迭香一沾手，就附着了它的气息。迷迭香在曹魏时期从别国传入我国，有"随回风以摇动兮，吐芬气之穆清"的诗句。曹丕为迷迭香作赋。声声迷迭香赋潜藏在迷迭香的枝叶中，是一段抹不去的记忆。

香

金小琰

香，是停留于鼻尖的触动，是呼吸间的久久回味。人们之所以喜香，是因为香独具一种与臭全然不同的气味。臭如一个野蛮的壮汉，挥刀阔斧，凶恶非常，而香则好似一个娇羞的女子，掩面而出，袅袅欢步，如蝶轻舞，随风而去，只留下一阵银铃般的笑声。烟如袖，香清幽，而我则认为可远观而不可亵玩焉：远闻，淡雅使人心静，远离尘世的喧闹，重燃大自然的气息；而近闻，香浓却味杂，烟熏刺鼻，像是桃瓣上落满尘埃。

在很久以前，香是人类对美的渴望，是心灵的产物，同时又是对大自然的崇敬。香这个字眼，被人们赋予了多样性，却不改至情至性的本真。有时，香亦是生活的调味料：

鼓琴时熏香,陶冶心性;顽疾时闻香,驱害除病。正是这一切的一切,使香在历史上留有绚烂的一笔。当这香头上星星点点的火苗燃起,你的忧愁与烦恼,就会与它的味化在清风里。丝丝缕缕的气息醉人,多想似醉汉,贪婪地呼吸,醉在风里……

今日所燃者,荷香也,自制而成,闻的是荷塘的味。金鱼的低语,花叶的素香,香入心为静,至纯。当它的烟丝丝缕缕与清风缠绵时,一池香荷便怒放于眼前,细细碎碎的灰飘落,不禁心头一惊,人生亦是如香呀!燃时香气正旺,当生命走到尽头时,同样化为烟火里的尘埃,赤条条来去,不带走风,不带走一切,却不声不响留下了美好,留下了香气。

千年一线天

张骆一

农历六月初五这天，我来到了飞来峰。手浸在冷泉之中，一股清凉的感觉从指尖传来，一个声音也在我耳边回荡，那声音既沉闷又苍老："我是大汉的臣子，你别管我是谁，就叫我佚名得了。你，触发了亿分之一的可能，将听到我大半生的经历。别插话，容我讲完整个故事。"

那一年，整个华夏动荡，我逃难来到这里——灵隐飞来峰。我见了这儿的冷泉、这儿的奇石、这儿的老树，很喜欢，加之这儿与世隔绝，荒无人烟，我便在此定居了。我发现这里有个山洞，阳光从一个孔中穿透过来，我便称这洞为一线天。我的床就是这洞中的巨石。炎热的夏天，躺在上面冰凉冰凉的，比那冷泉凉得多。我就在这一线天中生活。平常没有事情的时候，我就在这山中转悠，白天我四处散步，晚上我静静睡觉，悠闲散漫。你一定以为我就是这样过完终生的，不，事实并不是这样。有一天，我感觉到了生活的无聊，觉得自己应该做点什么，就这样我开始了一个人的石雕之路。

为了方便，我的第一座石雕就刻在一线天中，那是一尊敦厚的观音菩萨像。观音菩萨稳稳地伫立在莲花瓣上，她的脸胖乎乎、肥嘟嘟的，既可爱又庄严。只可惜如今这菩萨像的脸已经被毁了，我雕这菩萨像足足花了三十年的光阴，等菩萨像雕好了，我也到了花甲之年。下一座雕像刻在一线天洞外的石壁上，他面带着慈祥的笑容，眼睛微微闭着，浑身发散着金光，肚子撑得很大，两手放在肚脐上，神态安详，这是民间相传甚广的弥勒佛。观音菩萨大慈大悲，弥勒佛祖喜乐安康，这充满苦难与不平的人世啊，愿佛菩萨们能带给人间更多的幸福与快乐。

多年的废寝忘食，精雕细琢，使得我积劳成疾，雕完这个佛像，我已病得不轻，不久就西去了。后来，有人看到岩层上的石雕，就陆陆续续派了专业的工匠来雕刻各种各样的佛像，或大或小，或庄严或诙谐，或肃穆或慈祥。年复一年，经历了上千年时光的洗礼，终于形成了今天的飞来峰石雕群像。此时此刻，能与你分享我的故事，我很开心。它们累积了无数人用时光雕刻起来的美好愿望。

　　话说到这就停了。在夕阳的余晖中，我恋恋不舍地离去。我想，这个故事说出来，恐怕没人会完全相信，但我会用文字将它记录下来，让它成为一个全新的传说。

吃茶去

金戈洋

幽幽的火光在茶壶下跳动，壶盖上，烟雾水汽如薄云缭绕。茶几旁，我与两位挚友正惬意地品着绿茶。盏中的绿茶呈淡绿色，在头顶灯光的辉映下，越发显得晶莹剔透，宛如一块无瑕的玉石，不带一丝杂质。这令人想起隐居深山的隐士，不受世俗杂念的侵扰。细细啜一口，仔细咂吧，一股绿茶特有的香弥漫开来，越品越显俊逸。那味道，甜润中带着几丝淡淡的苦涩。抬头一看，见两名挚友的脸上皆写满了陶醉。

我不禁想起了张菁所写的《天下赵州·吃茶去》。文中有一僧人名"知尘"，去观音院参禅，走了许多路，问了许多人，等到的却是赵州老和尚一句"吃茶去"。但知尘并未像其他人一样，就此别过，而是留在寺中，开始了潜心修行，终于有所感悟，有所收获。

"吃茶去"，其意义当然不是真的让你每天只是去喝茶。千百年来，这个故事让很多人得到了不同的启迪。我觉得，吃茶去，更像让你去努力实践。譬如喝茶，有人告诉你某种茶的味道，却不让你去亲自品茶，你又怎么会知道这种茶的真正滋味？

这样的例子还有很多，不仅仅存在于喝茶这一事。历史上有名的"纸上谈兵"的赵括便是活生生的例子。当年谈论兵法，谁也比不过他，三十六计条条背得滚瓜烂熟，到头来却被秦军打得数十万将士丢了性命。为什么？赵括明显缺乏实战经验，根本不知战争的残酷。现在很多人在学习上也都是理论大于实践。更有甚者，嘴上说一套，实际做一套。若是这风气不制止，最终结果必定是浮夸不实的理论一叶障目地掩盖了我们原本多姿多彩的生活，人们除了夸夸其谈，什么也不会了。古人云"宝剑锋从磨砺出，梅花香自苦寒来"，又有"操千曲而后晓声，观千剑而后识器"，这些警句良言都告诉我们"实践才能出真知"的道理。

当然，理论与实践也是相通的，仅有理论固然不行，可少了理论，实践往往容易失去理性的方向。生活中，理论

就像甘露,实践就像生长的树苗,有了甘露灌溉,树苗才能茁壮成长。理论与实践又像战争中的谋士与战士,唯有谋士的计策与战士的英勇相结合,才能打胜仗。理论与实践还像人身体的外柔内刚,太过懦弱,只会遭人蔑视,太过刚毅,则又会引来众怒。

人生的真谛,有时如同一块未经打磨的玉石,而实践,就是打磨这块玉石的刀刃。坐在忽明忽暗的火光旁,我再一次饮上一口茶,品到的不仅有茶的醇香与清冽,更有行走于漫漫人生路的所思所想。

孤山之柳

张骆一

"保俶塔,塔顶尖,尖如笔,笔写五湖四海。锦带桥,桥洞圆,圆似镜,镜照万国九州。"我生在杭州,长在杭州,是西湖孤山岛上的一株垂柳,已经守着西湖十二个春秋了。

望着白堤上如一排绿幕般的垂柳,我有些许羡慕。能在白堤上展现自己柔美的舞姿,取得游人的芳心,是多么美妙啊!更令人妒忌的是,它们是你——大文豪白居易白乐天的杰作,你虽没有亲手建起这道白沙堤,但白沙堤却因你而举世闻名,人们为感恩你兴修水利灌溉农田,造就了西湖边的繁华,将白沙堤改名为白堤,那堤上的柳也因此棵棵珍贵。它们被一一编号,贴上标签。它们被一一膜拜,与你一起,接受荣耀与礼赞。它们一根根柳枝在风中轻摇，舞得我心中思绪全乱了，也如它们一般随风起舞。我若不是一株扎根在孤山岛上的垂柳，我定要化为一粒红尘，飞到那白堤之上，站在西湖中间，参与"水光潋滟晴方好，山色空蒙雨亦奇"的集体表演。天渐渐暗了，我仍旧在孤山上沉思，这样的一天，我已经过了不知道多少次了。随着风越来越大，水波也越来越猛烈。

"长江后浪拍前浪"，西湖也是这样的吧？一棵树枯死了，另一棵树会补上，好让一切看起来生生不息。望着一波高过一波的西湖水，从湖那头奔向湖这头，似乎要下雨了。太阳已经回到扶桑树上了，只留下苍茫的乌云在西湖之上徘徊。猛然间，天地如山崩地裂一般开始颤抖，惊得我与伙伴们一起随风甩起了枝条。千条万条柳枝在狂风中疾舞，小小的游船们已经纷纷打算靠岸，只有几艘巨型画舫还慢慢在水中穿行。树影仍旧倒映在湖面上，但已模糊不清。也许再过一分钟甚至十秒钟，暴风雨就要到了，这正是"山雨欲来风满楼"。我激动地仰起头，想预先庆祝这场山雨的来临。炎炎夏日，我是多么希望有一场淋漓尽致的雨能洗去我满身的浮尘，将我洗得更浓绿、更清新。伴着沉闷的《阳关三叠》，天上的飞鸟局促不安地飞着，与那箫声虽不十分般配，却似可以远远地相互应和。远处的山林都缭绕着阵阵雾气，雷峰塔下，保俶塔下，六和塔下，雨气已经开始弥漫。一位橹夫将最后一批客人送上岸。"山外青山楼外楼，西湖歌舞几时休？"游人少了，飞鸟少了，游鱼也不见了，就连箫声都淡去了。可是，天穹之上，仍有一片片白色云朵停留着。怎么雨还不来呢？我疑惑地摇着枝条。

突然，天上出现了一道彩虹，赤橙黄绿青蓝紫色色分明，如一把从远远的绿荫丛中射出的七彩剑，横风吹着长长的剑身，淡紫、粉红、橘红、金黄色的云被纷纷扬起，成了一缕缕被染过的彩丝。紧接着，又一道极淡的副虹出现了。一霓一虹，颜色的组合一正一反，是两条潜龙同时腾渊吗？这时，从远处传来一阵雷声，很轻，过客似的拂过水面。我一时差点忘却求雨的初衷，深深沉醉在霓虹并立天空的壮观中。

晚上，对面雷峰塔的灯火像一盏巨大的灯笼亮起来了，雨淅淅沥沥奔向我，奔向每一位我的同伴们。我忽然觉得作为孤山的一株柳树，所受的天地恩泽其实并不比白堤上的少。且孤山也有属于自己的荣耀，以"梅妻鹤子"闻名于世的林逋，曾在此隐居。"疏影横斜水清浅，暗香浮动月黄昏"，写的虽不是柳，但梅花盛开的时候，树树皆得以沐浴清香，又何尝不是一种幸福？

三人行

张骆一

夜已经深了,一所学校里,一个历史老师仍在校园中游荡。

"祖父说过,我们是汉武帝刘彻流传下来的血脉。汉武帝虽然雄才大略,但也干了很多伤害老百姓的事,如果不是他连年征战,也不至于出现那么多流民。我一定要改变这个事实!"刘老师轻声言语道。

谁想,刚上完厕所,准备回寝室的七年级学生刘帮听到了,他轻轻问一声:"刘老师,是您吗?"

"谁?"刘老师一转身,抓住了刘帮的领子,"刚才你都听到了?"刘帮哆嗦着,点了点头。

"既然这样,那你就得守住这个秘密,跟我一起学做剑客，再一起回到汉朝。"刘老师凶神恶煞地说。刘帮听了，只好答应。但心中也有几分喜悦，他老早就想做一名剑客了。

"老师，那我们什么时候学功夫？"

刘老师放下刘帮，换了副面孔，和蔼地回答："就从今晚开始，我先教你舞剑，这是每个侠客应该学会的基本功。"

刘帮与刘老师快步走进学校里的小树林。夜深人静，那儿很是清幽。蝉还在忽高忽低地唱着，繁星还在一闪一闪地亮着，刘帮吃力地扎着马步，尽管风刮得很大，但他的脸上仍旧布满黄豆大小的汗珠。

刘老师开口了："你以后每天晚上十二点都来这里等我，节假日通通以补习的名义到我家去，这个我会搞定的。至于历史成绩，保准你全校第一。好了，你休息一会儿吧。"

一天就这样结束了，此后的每个夜晚，刘帮与刘老师都会练上六个小时的武术，几乎彻夜不眠。

一天，两天，一周，两周……过了一个月，刘帮已经可以连续扎六个小时的马步了，还能把剑舞得得心应手。至于刘帮用的宝剑，那是刘老师的传家宝，共有两把，一阴一阳。之所以有这两把宝剑，是因为刘家在汉朝之后变成了习武世家,也正因如此,刘老师可以十步杀一虎,还可以百步穿杨。这一个月,刘帮不仅武功大有长进,历史水平也变厉害了。这回期末考试,刘帮历史考试果然得了全校第一,他的爸妈开心极了,同意刘帮跟刘老师一个暑假。知道这个消息后,刘老师明白,时机已经来了。

七月一日这天,刘老师领着刘帮到了西安,他们用两把宝剑布了一个八卦阵,再通过这个八卦阵回到了汉朝。他俩只感觉身上一阵巨痛,就晕倒在了一块巨石上。天上豆大的雨点砸了下来,刘老师与刘帮被惊醒了。"快,快去避雨。"刘老师对刘帮喊道。"那儿,那儿有一户人家。"刘帮指着远处星星点点的灯火喊道。雨越下越大,如瀑布飞泉般倾泻而下,浇在两个人的头顶。可算到了那间茅屋,只听里面的人正在舞剑、他俩敲了敲门,来了一人,将门打开。

"来者何人?"这人放下宝剑,厉声问道。

"哦,这位姓刘字老师,我姓刘字武士。"刘帮抢着回答,气得刘老师喘不过气来。

"这雨骤风狂夜,你们所为何来?莫非——"

"这位兄台想多了,我们是来避避风雨的。"刘老师笑嘻嘻地说。

"我凭什么信你?"这人又问。

刘老师赶忙把两把宝剑递给他,什么也没说。

"好好好,我信你们了。我叫郭解,你们就不怕我杀了你们?"

刘帮听了,惊喜地说道:"原来您就是郭解,郭大侠,久仰久仰。"

"那好吧,你们今晚就住我家里吧。"郭解爽朗地说道。

这一夜三个人同床异梦,各自翻来覆去。

红日初升,一大早官兵就把茅屋团团围住了,三人被响彻云霄的砰砰声给惊醒了。"砰"的一声,门被踢翻了,十几个官兵冲了进来。他们三个人提起宝剑,向这些大头兵冲去,乒乒乓乓一阵响,刀光剑影之间,已经有七八个官兵倒下了,就连刘帮也劈杀了一个。剩下的官兵仓皇向外退去。三个人走出茅屋,却见又一群官兵挡在了院子门口。一群人混战了许久,鲜血撒在了每个人的身上。刘老师左劈右砍,时不时跃入空中,给敌人重重一脚;郭解扔掉宝剑,拾起地上官兵的长矛,左突右冲,还经常一扫地面,使得敌人跌倒在地上;刘帮也很勇猛,挥舞着宝剑往官兵头上砍。可是,最终他们三人还是因寡不敌众,被捕入狱了。

这事当然与刘老师和刘帮无关,郭解很是愧疚,下定

决心,若有机会出狱,定要积德行善,帮助更多的人,绝不让人再受到连累。刘老师呢,他在大牢里终于想通了:金无足赤,人无完人,历史不就是因人性的丰富多彩而变得如此灿烂的吗?历史不可能完全根据某个人的意愿改变,该回现实了。

于是,刘老师建议:三人在大牢里结拜了兄弟,称为"三人行"。

事后,刘老师和刘帮回到了现代,郭解最后的结局呢?那得看《史记·游侠列传》的记载了。

只一事,刘老师没有向刘帮解释,为什么把他们与郭解的这次结义称为"三人行"。这不是简单的"三个人一起行走江湖"之意,而是回应了孔夫子那句著名的语录:"三人行,必有我师焉。"他相信,即便不跟刘帮解释,他也一定像郭解一样,能从中悟到很多。

青莲真经传

金弋洋

一、引子

相传李白曾是青莲剑仙投胎转世。李白在世时,看安史之乱把大唐帝国弄得四分五裂,十分不忍,于是写下《青莲真经》,希望士兵们学习后能打败安禄山。安史之乱平定后,李白去世了。不久,《青莲真经》也神秘失踪了,从此再无音讯。据说谁能彻底参透这本《青莲真经》,就会成为百战百胜的武林第一高手,为此不少武林高手花费毕生的精力去寻找《青莲真经》,到头来却是一无所获。为了找到真经,各个门派之间也会时有冲突。

二、青莲再现

　　昆仑派的练习场上，忽然射下一道红光，紧接着一个白衣男子从光中走了出来。他三十岁左右，长得一副俊俏样，他便是白鸟。练习场上的侠士们见了白鸟都停下来。白鸟招呼大家围过来，说道："有人声称，今早在西湖白堤上发现湖面异常耀眼，紧接着看到一本书的影子浮了上来，影上有模糊的字迹，据说是《青莲真经》。我想我们可以前去看看。"短暂的沉默后，人群中走出一名二十来岁的姑娘，名叫灵雀，她对着白鸟说道："话虽如此，可真实性又有多少呢？"一旁又有个大胖子说道："管他是真是假，去看看不就知道了吗？"说话者名叫王胖。人群中不少人发出赞同的声音。"那好，我们整理整理，即刻出发！"白鸟道。

　　昆仑派十几个弟子来到了白堤上，果然见着西湖泛着淡淡的白光，却不见《青莲真经》的影子。白鸟道："果真是有白光，吾等下去看看。"话音未落，只见天空中忽然多了几个黑点，众人纷纷望去，只见峨眉派几人也来到了白堤上。这峨眉派素来与昆仑派为敌。仇人相见分外眼红，白鸟冷冷地道："我们做我们的事，你们又来做什么？"峨眉派掌门玄殷说道："何必如此不客气呢！这《青莲真经》，大家都想要,我们为什么不能找?"一旁的王胖说道:"少跟他们废话,看我把他们打得远远的!"寒光一闪,王胖抽出了剑,朝峨眉派冲了过去。玄殷冷笑一声,抽出剑,也不迎上去,只是把剑对准了王胖。"危险啊!"白鸟喊道。话音未落,几道黑光射出,霎时吞没了王胖。数秒后,就像有一双无形的手,把王胖从黑烟里狠狠地投了出来,白鸟急忙接住王胖,众人纷纷围了上去。只见王胖脸色煞白,右臂血流不止,已不省人事。白鸟放下王胖,对玄殷怒目而视,只听"嗤"的一声,白鸟猛地抽出了长剑。玄殷又是一阵冷笑,道:"刚打伤一个,又一个来送死!"白鸟气得脸色铁青,把剑抛上天空,只听一声大喝,那剑一下子就变成千把。白鸟又大喝一声,那箭直直射向玄殷。玄殷也将剑抛向空中,双手交叉,口中念念有词。那剑浮在空中,黑光一闪,一道紫色结界出现在眼前,白鸟的攻势便被化为乌有。烟雾散尽,玄殷突然将剑直指白鸟,一道黑光猛地射向白鸟,白鸟忙将剑横置来挡着黑光,却仍是被击得连退几步,剑上被黑光击中的地方滚烫滚烫。玄殷狂笑道:"哈哈哈,就这点实力,还想跟老夫叫板!"说着一下子跳入了西湖。白鸟面色严峻,紧跟其后也跳入西湖。灵雀也跟着跳了下去。岸上峨眉派和昆仑派交起手来,一瞬间剑光四射。湖底，灵雀与白鸟很快追上了玄殷。本来单打独斗，玄殷略占上风，可灵雀功力与白鸟不相上下，二打一，玄殷很快便落入下风。湖底剑光四射，卷起一个又一个浪头，白鸟一剑击中了玄殷，玄殷一下子飞出几十米远。真是塞翁失马，焉知非福。玄殷被打得后退几十米，没想到竟找到了《青莲真经》。这《青莲真经》是那样耀眼，引得玄殷眼里泛起一股狂热。他不顾伤痛捡起《青莲真经》，刚想逃走，灵雀与白鸟尾随而至。玄殷一跃而起往后遁走，灵雀大喝一声："哪里逃！"剑一挥，一道绿光射出，玄殷又被拽出了地面，灵雀与白鸟同时将剑掷出，双剑化作一红一白两道光，如霹雳闪电般射向玄殷。受伤的玄殷哪是对手，慌忙射出一道黑光抵挡。不料《青莲真经》突然射出一道蓝光，四光相撞，只听"轰"的一声，惊天动地的巨响，激起百丈高的一堵水墙。紧接着天地间一下子煞白煞白，玄殷、灵雀、白鸟三人同时飞出西湖。玄殷倒在地上，不省人事，灵雀与白鸟同时喷出一口鲜血。两派人都慌忙撤退了，混乱中谁也没发现《青莲真经》不见了。

三、改过自新

话说，一场硬仗过后，峨眉派与昆仑派谁都没占到便宜,倒是别的门派听说此事,都陆陆续续来到西湖。门派与门派之间的斗争也愈演愈烈。可是几场仗下来,谁也没找到《青莲真经》,反而让许多潜心修炼的门派,也卷入了战斗。

昆仑派回到昆仑山练习场。灵雀、白鸟,还有王胖进行了疗伤。这之后,白鸟不断耳闻《青莲真经》带来的江湖混战,不禁陷入了沉思:我们为了得到《青莲真经》,到底干了些什么呢?一场场战斗,一桩桩命案,这是李白撰写《青莲真经》的初衷吗?不知何时开始,白鸟暗暗下定了决心:不再过问人间世俗之事,只带着自己的门人潜心修炼。

四、青莲乱战

数年后,关于《青莲真经》重现江湖的消息又传开了。这次是在黄山,一个洞窟里传出亮光,还有"青莲真经"四字模糊的声音。许许多多的门派闻讯而去,同时到了山洞口。气氛瞬间充满了火药味,二话不说,开打!乒乒乓乓,长剑相击声响彻整座黄山,剑光四射,时有大树被击倒,巨石轰隆隆滚落山谷。雪狐派掌门雪雁,手持千年寒冰剑,放出一道道千年冰锥,将一个个剑客变成了一座座冰雕。黄山成了冰天雪地,让其间的人行动变得缓慢至极。一旁

的雷鸣派掌门雷刃手中的法宝——闪电匕首,也不容小
觑。匕首一指天空,电闪雷鸣,就算是法力极其高深的各
派掌门也非死即伤。玄魔派掌门玄魔使用魔音琵琶,仙剑
派掌门寒酷使用青莲仙剑。战斗一开始,四个掌门便斗得
天昏地暗,千里冰封,万里闪电,飞沙走石,刀光剑影。雪
雁冷不丁地朝雷刃射出万道冰锥,道道泛着犀利的寒光,
以霹雳闪电之势射向雷刃。雷刃又岂能甘心忍气吞声?
双臂一交叉,一道闪电射出,快得看不见影儿,嗖嗖几下,
那一道道冰锥在这道闪电面前就像纸糊的老虎,一下子便
被劈得四分五裂。雪雁急忙闪身躲避,闪电击中了一棵千
年古树。古树应声倒地,"轰"的一声巨响,古树消失在了
山谷中。雷刃顺势将匕首朝天一指,霎时天空中劈下一道
道闪电,快得惊人,多得吓人。雪雁急忙将剑朝地下一击,
冰柱从地面上隆起与闪电抗衡。一旁的玄魔与寒酷也打
得正酣。魔音一出,千片万片树叶立刻飞舞着,片片可夺
人命。玄魔用力将魔音弹向寒酷,千万片叶子便齐齐朝寒
酷飞来。寒酷剑一挥,那剑成了几十把,射出一道道剑芒
与之抗衡。就在打得最为激烈之时,山洞内忽然金光大
作,《青莲真经》从洞中飞了出来,四个掌门同时使出浑身
解数抢夺真经。别的门派的掌门也扑了上来,紧接着一个

响遏行云的爆炸声忽使黄山地动山摇。一瞬间，冰裂石飞、雷鸣万丈、阴风怒吼、剑芒乱飞。又一爆炸声响起，高二千多米的黄山裂开一个缺口，分成了两半，各路高手都被火光吞没。千年灵物《青莲真经》四分五裂，天地重归混沌，一切都不见了。

五、走向太平

此时远隔五百多里的昆仑山练习场，也隐隐震动，一个深沉的声音在半空中响起："一切都结束了！"白鸟走出机关暗室，来到书房，默默地写下了两个字——不争，端庄沉稳、刚劲有力。透过窗户，古树参天、绿草如茵映入眼帘，多么安宁平和的美，不带一点杂念，不受一点纷乱的侵扰。白鸟看着这来之不易的一切，嘴角现出一丝不易察觉的苦笑，看向窗外的眼眸，像深深的潭水。

刀光剑影

金弋洋

　　时光已步入21世纪,昔日的夏商周秦汉早已消失在滚滚烟尘中,唐宋元明清也淡去了恢宏旖旎的背影。冷兵器时代的刀光剑影,当然不复存在,只能借着出土的文物,前往历史泛黄的那页去品味其间的百般滋味了。

　　游学第四天,我们来到浙江省博物馆探望这些千年古物。走在一件件文物之间,就像在翻阅一部宏大的中国古代史,敬畏之心油然而生。我的脚步停在了"越王者旨於睗剑"前,深深地被其吸引了。者旨於睗是春秋战国时期越王勾践的儿子,虽不如越王勾践那般有名,但这把充满沧桑的青铜剑却实打实地证明了他曾经强大的存在。透过玻璃,我细细地看,灯光辉映着剑古老而庄严的岁月划痕,让人心中不由得为之一振,剑的把手已锈得不成样,但光滑灿然的剑身上依稀还能看见双钩鸟虫书铭文,正面为"戉(越)王戉(越)王",反面为"者旨於睗"。此剑比我想象中来得短、来得宽,浑厚而洒然。我可以想象者旨於睗手握宝剑,驰骋沙场,奋勇杀敌的英姿俊貌。久久地徘徊在这把古剑身旁,它似乎总在对着我谆谆教诲着什么,又好像在无声地诉说着吴越之间的某场大战。我干脆驻足静立,凝视古剑,陷入了遐想。

吴越平原上,两军密密麻麻布下阵来,隔着滔滔的江水,擂鼓之声响彻云霄,一阵狂风吼过,树叶沙沙作响,似乎也在呐喊助威。江水正值涨潮之际,怒吼声使得水浪更为高扬,江流涌动,一个山字形的浪头紧追着另一个山字形的浪头,气氛肃杀,犹如箭在弦上,一触即发。随着一声令下,两军如脱缰的野马,在离狂风巨浪一指之遥的桥上冲杀起来,厮杀声呐喊声呼叫声响成一片,时有士兵掉入江中,激起一个个殷红的浪头。天空中密集的箭雨铺天盖地,嗖嗖的声音在耳边呼啸。一边的战士过了河,平原上洒满鲜血,尸横遍野。千里绿原,似映山红开遍,连天边的云朵,也铺满血色,夕阳艳艳,仿佛是战士的鲜血染红的。兵刃相接的锵锵声带着一股股寒光,绘成一幅血色江山图。吴军终于打开越军的一道口子，人群像开了闸的洪水涌向越军，顷刻间越军大乱，军旗倒下，只剩下一片哭天喊地的惨叫声。忽然在越军的乱军之中闪出一丝亮光，一丝耀眼夺目的亮光。只见越王者旨於睗泰然自若地骑在马上，狂风撩起他的长发，露出一道道血淋淋的伤痕。他的半边脸早已被鲜血染红了，眼里却透出坚毅的光芒，不带半分动摇之心。只听一声大吼，者旨於睗举起那把寒光泠泠的剑，正是越王者旨於睗剑，手起刀落，向他冲来的两个吴军瞬间成了剑下鬼。他跨上一匹战马，那马一扬前蹄，朝吴军冲去。者旨於睗一边挥舞着铜剑，一边声嘶力竭地朝吴军最密集的地方冲杀过去。吴军惨叫声此起彼伏，血花飞溅。他与剑如入无人之境，所到之处无不横倒一片，很快吴军就被一地尸体兵分两半，他剑指前方，向身后将手一挥，喊道："将士们杀呀！"战局逆转了，越王身先士卒，奋勇无敌，大大鼓舞了士气。吴军被越军杀得人仰马翻，慌忙逃窜，顷刻间吴军大势已去。望着漫天的红霞，者旨於睗握着寒光四射的长剑，眼里透着无限的自豪……

"哇，两千多年过去了，青铜竟然不生锈！"一声赞叹将我从刀光剑影的战场上呼唤回来。是啊，穿越了两千四百多年的时空，这把剑终于走到了我们的眼前，走回了它生于斯长于斯死于斯的故乡，这剑躺在这儿是多么不易啊！1995年10月，青铜专家马承源先生在香港一古玩店发现了这把剑。这把剑是如何漂洋过海来到这座它无比陌生的城市的，其间发生了多少离奇的神秘故事，到如今仍然是个巨大的谜团。总之，神不知鬼不觉，它一路辗转，也许几经易手，也许由一位痴人一直珍藏，终于在最迫不得已的时刻，将其卖到了古玩店。但怎样坎坷的路都不能阻挡它回家的脚步。杭州钢铁集团决定出巨资襄助，浙江省博物馆成功获得这件流失的国宝，1996年初它终于回归了越国故里。

树高千丈，落叶归根。如今，越王者旨於賜剑终于静静地躺在故国的土地上，不再经历战场与商场的刀光剑影。它像一位年事甚高的智者，以清冽的目光，看着天南海北前来参展的人们，内心无比安详。

江南好·璟园

璟园民居一观

金三易

前年的冬天，武义璟园的主人给了妈妈一幢古民居院里的房子，我们全家都十分高兴。妈妈说："既然是公益地来，那就公益地用，我们办一个童话书屋怎么样？"我们都同意了。

于是，妈妈开始着手布置童话书屋。首先买来书架，又叫一些亲人来帮忙打扫卫生，还在网上公布了这些消息。一时间整箱整箱的书来到了妈妈的办公室。又过了一段时间，妈妈通过书屋的微信公众平台召集人来帮忙摆书，很快有一群人成了书屋的志愿者。搬书当天，下着中雨，我嫌太累没去。妈妈回来之后，激动地把手机递给了我，让我看看志愿者们劳动的图片——里面竟然有许多与我年龄相仿的小孩。为了不让书淋湿,两个小孩撑着伞,一个大人抱着一箱书。也有强壮些的小孩,单独一人披着雨衣,用防水布裹着书走;还有些力气小的,就在书屋里面摆书。从楼上看,伞像是汇成了一条河。尽管搬书是件很累的事情,却没有一个人停下来歇息。搬出汗了,抹一把脸,接着向前走。我躺在床上看着手机里的志愿者们,觉得十分感动——童话书屋不是他们的,但他们却如此卖力;而我呢? 童话书屋是我妈妈的,我却没有尽自己的责任。

还有一件事情也让我十分感动。童话节活动,需要许多画着童话人物的陶瓷来做礼品,妈妈的朋友陈频频是画图画的行家。一个工作人员打着我妈妈的名义让他画,于是,他熬了几天几夜画完了两百多件瓷器,熬得眼眶都发黑了,眼睛里布满了血丝,累倒在床上,却没有得到任何回报。妈妈对这件事有些愤怒,欲去找这个工作人员,陈频频却说:"何必呢,尽管我确实不是造钱机器,但就算不借你的名义,我一样会画的。再说了,他们也不知道画这些画会如此辛苦。既然改变不了他们,还是改变自己吧!"

如今,妈妈的童话书屋已经变得温暖而充实,书架上摆满了书,以便人们随时取下细读;屋子里摆上了桌椅,可以让游人们舒服地坐下；有了投影，方便开讲座、上课；上层的美人靠上摆着一盆一盆的植物——土豆和一些花。总之，这儿变得十分美观、舒适。

古民居博物馆还有各色各样的房子。我喜欢戏台，以前我在这儿听过戏，一位位演员从幕布后小步跑上了舞台，在台上，扯起了动听的嗓子，拿着兵器不断厮打。我也喜欢戏台后的书院。书院被分为好多层。初进大门是一片空地，再往里走是讲书的地方，不知道古时候的人们在这儿摇头晃脑地念是什么情形。我也喜欢茶生馆，里边有两方小鱼池，养着许多红鲤鱼，在水中游。池边摆着一张张木桌，时时飘着茶香。我还喜欢一幢有些阴森的房子，里边是放架子床的。架子床是古时候的床，富人的架子床可以分许多层，丫鬟们轮流值班，公子哥或小娘子为了及时得到伺候，就让丫头睡在一层一层的过道上。睡这种架子床，不会感觉腰下很空，而且还不用担心掉下床来。更妙的是，这种床的结构非常特殊，要搬家时，只要将床拆成一片片板子就可以了。

整个璟园都散发着古老的气息，好像会呼吸一样，沉重地一起一伏。

璟园景缘

楼思语

　　站在璟园门外,仰望天空,只见重重叠叠的屋檐垂于天际,树木丛生,百草丰茂。粉墙黛瓦的古建筑映入眼帘,一片黑瓦白墙,不禁想起了佛堂的古民居院,还有西塘、乌镇的一片风光。虽说与它们有些相似,但璟园的老房子都是从四面八方移过来的,每一栋至少都有上百年的历史。靠近古房子,扑鼻而来的就是存放已久的木头的那一股潮湿味、历史味,还有这栋房子自己的气息以及以前生活在此屋中的主人的那一丝气息。

　　移步至古戏台前,一眼让我瞧见的不是闪亮亮的古戏台,而是那一片竹林与植物相衬的白墙黑瓦和八边形的古铜色大门。想不到此地还有如此景致,还以为都是一个个

"大家闺秀"呢！原来还有一些小巧玲珑的"小家碧玉"呀！这还不是此户人家的主要地方呢！此屋名曰"开化苏庄古民居"，原址位于浙江开化县苏庄镇大余村，建于清代，是少见的三合院，左右两边都没有厢房，沿开井一圈设雕花排门，屋主正是姓余的人士。我想进去看看，一探究竟，可惜门上设了锁。不过门上留了缝隙，我观望了一会儿，只见里面有两头喜狮。这两头狮子或许是老天安排给这位姓余的屋主的，供他观赏、玩乐，顺便还可以让这两只石狮为他聚财气，何乐而不为呢？

再细细看去，看到的是一个似鼎一般的香炉，是清朝的，看上去也有百年的历史了，摆在那儿，似一位老者坐在大堂之中。此屋的白墙上画着一簇兰花，那一簇兰花与天空离得很近，近在咫尺，如此说来，这姓余的屋主一定是极爱兰花，恨不得连墙上都画满兰花。喜此花者，一定是个清官，或是一个正人君子之类的角色，来头不小啊！兰花，是花中四君子之一，喜静，不喜那闹市之世，有的简约，有的玲珑洁雅，颜色不艳丽也不张扬，似谦谦君子。"幽兰生前庭，含薰待清风"，兰花表征了一个知识分子的气质。

与兰花一并的还有竹子，我在此屋之中也曾见过。竹子清幽脱俗，正直清高，清秀俊逸，在许多中国水墨画中都

有出现。画竹要"胸有成竹"才能挥洒自如,体现出竹的神韵与气节;还要浓淡相映,表现竹的无限生机、妙趣横生。

"青山不可无绿水,古木不可无藤萝,野花不可无蜂蝶,江南不可无翠竹。"这就是竹身处江南不可缺少的一种地位与品格。

在璟园中偶遇此景,也许是命中早已安排好的!转过身来,便见到此屋,若说是我自己走到这儿的,还真是缘分。

窗外,鸟鸣声、风声、人声,都存留在白墙黑瓦上,我们的每一个动作、每一幅图画都映于蓝天之中,这也许就是我们与璟园的缘分,也是我与此间古宅老屋的缘分。而这里的每一栋建筑与璟园都有什么独特的关系呢?千丝万缕,怕是谁也说不清了。

在水滨的小路上

金三易

在水边细细寻找，不知道寻找着什么。伸出手，我点了点一株芭蕉树，厚实的叶片滴下几滴水。抬头寻找叶上沾着的水珠，透过芭蕉叶的空隙，呀！一朵艳丽的花偷偷地开着，娇羞地用叶片遮着自己，不让别人发现。我轻轻放回叶片，继续无目的地寻找。

我在一株菖蒲前停了下来，想将它连根拔起，养在卧室里，却惊奇地发现——它看上去十分脆弱，实则千磨万击还坚劲。菖蒲在风中像野草一般摆动，可以说是"三尺青青古太阿，舞风斩碎一川波"。它的外貌丝毫不张扬，简简单单，普普通通，却又不平凡。古人这样评价："一尘不许渭幽雅，百草谁能并洁娟。"看着菖蒲，我想起了一件事，

那是几个月前的事了。妈妈带着我和她的朋友一起去挖菖蒲。我们在乡下的小沟中找到了菖蒲，下水去挖。他处长成一片的菖蒲被连根拔了起来时，是完整的一片，而这里的菖蒲多数长得小，几乎仅能拔起几片叶子。其中又有什么别样的深意呢？

我正想着，丁妈举着锄头，下了水，抓住其中十分大的一株，用力一扯，竟连根拔了起来，顿时水花四溅，飞起了几块小石头。丁妈得意地说："哈哈！我还没老哇！"然后将这一大串菖蒲都装进了塑料袋中，弯下腰接着挖，想再挖起一株不大的，却无论如何也拔不起来，费了好大的劲才拔下几片叶子。于是我也下水助阵，一面当啦啦队，一面埋头加入了挖菖蒲的队伍。丁妈之所以和我的妈妈一样喜欢挖菖蒲，是因为丁妈也是个爱菖蒲的文人。从古至今，菖蒲一直被认为是象征着清高的植物，因为它只能在清水里生长，而不能在浑水中生长。如今，它已经被搬进了妈妈的书屋里，滋润着雨水，淋浴着阳光，活得好不自在。

将头略抬起一些，溪上漂着许多睡莲，莲叶衬着花，说得上是"万绿丛中一点红"。娇小的莲花旁是整片的莲叶，好像许多女佣簇拥着一个绝世美女。难怪古人这样写：

"昼舒夜卷小莲纯,应是花中睡美人。"睡莲象征着洁净、纯真,正可谓"出淤泥而不染"。

鲤鱼听见声音便游了过来,钻过睡莲下的梗,在溪边围成一圈,互相挤着,张着嘴,想得到一些食物。人往哪边走,它们便跟向哪边。甚至有时扔下一片落叶,都会你拥我挤地争抢。这又让我想起了在西湖喂鱼时发生的一件十分有意思的事情。那里的鱼也是一样闻声而来。我先丢了几颗鱼食,让它们尝到了甜头,再向远处投了一颗刚掉下来的小果子,游得慢的立刻就游过去,而游得快的却没有去。接着我又投了许多鱼食,游得慢的鱼见状立刻往回赶,赶到时,鱼食早就被瓜分光了,这不是"捡了芝麻丢了西瓜"吗?

走在水滨的小路上,我似乎找到了什么,却又说不出找到的是什么,也许它就是由水滋生出的诗意生活吧。

纺　布

金小琰

　　眼前的这架纺车,总让我想起隐于云端的故事——牛郎织女。与天官有关的故事,总是奇幻而迷炫的。织女虽是织霞的,却在不可捉摸间泛起阵阵生活琐碎朴实的气息,像一块土布,晕染着粗糙的美丽,却让人想擦一点廉价的脂粉,喝一碗茶,苦而回味地过小调的生活。

　　当遇上色彩的时候,黑白有了情感,有一点小小的感动,却又怕迷醉在花花世界里。纠结不定的时候,反而迷失了自己。我不甚喜欢丝绸锦缎,精致得吓人,像穿着高级定制、戴着名牌的人,永远是光鲜亮丽,却又脆弱至极,最怕太阳暴晒;而土布,用纺车一点一点织起来,挺起韧气的脊梁,带着一点不讨喜的粗线,却是饱含着红尘气味,做成袍子、衣衫,像大碗茶一样,最是实用,不拘束的野性,如披了一块兽皮的原始人,随性地坐在地里,也可以看成理所当然的事情,自由自在如野草,在春光里,大片大片,深深地呼吸,呼——吸——简单,又何尝不是一种美丽,精致高调就永远值得向往吗? 你站在山顶的时候,碧树参天,但山下恣意的星星点点花,攀得越高,就越嗅不见芬芳了。有许多人走到了山顶,赚了大钱,却放下一切,回归田园,过一种以前总小瞧的"贫穷"的生活,也不失为土布一般的粗糙,但比之前身上高价的丝绸,更顺心。放下物质的追求,布艺的生活,带来的远不止美丽。

一花一木一璟园

吴芮瑶

走进璟园，第一眼见到的就是一棵桂花树。那棵桂花树有着粗壮的枝干，树冠也挺高的，远远超过了对面的马头墙，我们不得不仰起头来看这棵高大的桂花树。桂花树在这个时候还未开花。狭小的椭圆的叶子一片片长在细细的树枝上，当阳光直射到树冠时，翠绿的叶子被阳光照射着，光影成了黄与白，就像是太阳从天上派下来的光芒精灵，跳跃在这棵奇迹般大的桂花树上。桂花树的树干上长了许多黑色的圆点，排得整整齐齐、一丝不苟，让这棵树也有了独属于自己的个性。

桂花树的旁边是条溪流，溪水的水面上浮动着睡莲和浮萍。睡莲沉睡了许久，终于在盛夏开放了，那花瓣是柔美的,洁白的有,嫩粉的也有。一层包着一层的花瓣中有着黄澄澄的花蕊,她总是那么优雅动人,散发出淡淡的清香。而浮萍就不像睡莲那样端庄了,浮萍永远在水面上浮着,像被施过魔法的荷叶,不过缺了个角罢了。

在溪边的杨柳并不是很显眼,因其常见,有种熟悉的感觉。杨柳的柳条很细长,柳叶也很窄,狭长,带着点暗绿的颜色。看见了杨柳,不禁想到了诗经中的"昔我往矣,杨柳依依。今我来思,雨雪霏霏"之句。顺着河道走,过了座石桥,一棵高大的银杏赫然入目。银杏的叶子是小小的,而树枝却是宽大厚实的,这仿佛不大配。银杏的叶子也还没有黄,可树上早已结满了白果。白果是白色的,圆滚滚的,那小巧的模样显得它天真可爱。

要说奇,还是这里的大樟树最奇。这里种了很多棵樟树,几乎每个转角都会冒出一两棵。在凉亭那儿见过一棵最矮的樟树。那棵树虽然粗,两三个人才能围住它的"腰围",但显得很笨拙、很朴实。它的有些叶子竟长在从地面凸起的树根上。这棵树就像小孩一样,淘气,古灵精怪的。而另一棵在戏台那边的樟树跟它比起来,真的太高了。戏台边的树,估计是演员拖的声音太长了,它也随声音长得那么高。更奇怪的是,这棵樟树的叶子像爬山虎,绕来绕

一花一木一璟园

去。若它没有被人砍掉，或许可以像童话中的魔豆一样爬上天空，找到大金鸡。

戏台附近的一条偏僻的小道上有着一棵高高的芭蕉树。芭蕉树的叶子很大很宽，能为人挡起一片阴凉，而它扇的风也最大、最舒服。夏天，是芭蕉长得最茂盛的时候。在河边的芭蕉有的已经开花了。芭蕉的花是火红的，像盛夏里的烈阳，花瓣上有星星点点的黄色的斑点，好像在太阳上多了星星的微弱的光芒。

溪边不起眼的石头缝中，长着修长的菖蒲。菖蒲并不大，但是挺多的。长长的，有一丝清凉的感觉，看多了略显枯燥。

而枫杨则比这菖蒲有趣多了。枫杨的果实可好玩了，像飞行器一般。叶子也爱成串成串地长起来，面对面的叶子平衡地长着，像树上长着一对对好朋友。曾在古堰画乡画过枫杨，只不过那果实的色调比这里的要深多了。

在老房子的马头墙的墙角，种着含笑。这时含笑的花可能已经开过了吧，我只能看见那大片小片的翠叶，但香味又好像依然还在璟园里弥漫着。这园里的一花一木似乎都有它们奇特的故事，不管它们原来来自何处，原来长成什么模样，现在它们就是属于这儿的，这里就是它们美好的家。

菖　蒲

楼思语

　　璟园之中,随处可见的水边植物,那就非菖蒲莫属了。菖蒲先百草于寒冬刚尽时觉醒,因而得此名。一片苍翠占据着璟园,陪伴着这一栋栋黑瓦白墙、古色古香的老宅子,更是让人一眼就注意到,这一抹抹绿色。菖蒲叶丛翠绿、端庄秀气,有一种独特的香气。这一股香气,伴随着汤汤童话书屋,一直萦绕在璟园之中。与其他的古宅相比,童话书屋的菖蒲绝对摘下桂冠。一进书屋大门,就是两盆大的菖蒲,两旁的石头压着它的根须,浸没在水中。再往里走去,除了一排排的图书,夹杂在这书香之中的唯一绿意,汤汤都选择了端庄秀丽的菖蒲。装菖蒲的有一个淡绿色的盘子和一个个小型的碗,可见书屋的菖蒲天天都被人宠

着,惯着,养着。菖蒲不是与其他植物一样,从土里一拔就能出土的,它需要你用工具把它从石头里给刮出来,才成了现在童话书屋里那一盆盆姿态舒展的菖蒲。它们安然地躺在那大青铜缸中,不亦乐乎。"耐苦寒,安淡泊",生野外则生机盎然,富有而滋润,着厅堂则亭亭玉立,飘逸而俊秀,这就是菖蒲的风骨。

古人挑灯夜读,那时候四周一片黑暗,唯独一盏油灯正面照着,是最伤眼睛的,所以古人常在夜读时的油灯下放置一盆菖蒲,原因就是菖蒲具有吸附空气中微尘的功效,可免灯烟熏眼之苦。"菖蒲体柔弱,孤生幽涧傍",碧叶葱茏,挺水临石,却孤零零地生长于山涧旁、沼泽地、水田边。

古人对菖蒲甚是喜爱,并称菖蒲为"天下第一雅",苏东坡、陆游、金农等人对它钟爱有加。备受文人雅士歌颂的植物,最有名的当数梅、兰、竹、菊四君子,但若单论"雅",菖蒲、兰花、水仙、菊花并称花草"四雅",而这"四雅"当中,排名第一的则是菖蒲。"一尘不许渭幽雅,百草谁能并洁娟",初见菖蒲时,它那自在高雅的仙姿,的确让我惊奇并且赞叹。菖蒲叶片细长挺直,中间有鼓起的棱,似一把宝剑。后来,在屈原的《楚辞》中读到了它,"薜荔柏兮蕙绸，荪桡兮兰旌"，荪，即是菖蒲。还有苏轼。苏东坡先生玩雅，已经不满足于梅、兰、竹、菊四君子了，玩什么呢？他欣赏起了小众、高端的菖蒲之美。

菖蒲喜水，但从不喜欢浑浊的水，"润深水不滋，短叶疏而黄"，叶子不仅短，而且是那种枯黄色，会垂下头去，似一位害羞的女孩，红着个脸，低下了头，当一阵风吹来时，当它在风中丛丛摇曳时，有着几多诗情、几许画意啊！

古人对菖蒲吟咏甚多，因为菖蒲从萌发出来后就一直在清水中生长，从没蹚过浑水，也许古人吟咏它是喜爱菖蒲的清高、清静，感慨当时社会的浑浊不堪，对世态的浑浊极尽讽刺，如《题自写菖蒲》一诗。此诗描写菖蒲清俊优雅，端秀可喜，可以适情，可以养性，书斋旁若有此物，便觉清趣潇洒。

还有诗人写了石菖蒲盘根结节屹立于山岩石缝之中的风骨气节。

菖蒲，似古时候的一位君子，不涉淤泥，不染污浊。

这就是菖蒲，这也是传承千百年的文人风骨。

柳·留

楼思语

初夏，漫步于武义璟园之中，随处可见依水而栽的杨柳。"杨柳堆烟，帘幕无重数"，欧阳修就赞誉过此景。

"昔我往矣，杨柳依依。今我来思，雨雪霏霏。"柳，与中国诗歌结下了不解之缘，最早、最经典的吟咏，当数《诗经·采薇》了。这几句虽已被世人用到泛滥，但细细诵之，仍有一份千古绵绵不绝的惆怅与遗恨，轻拂后人。一到春天，柳絮乱飞，容易引起古人的伤感。璟园的柳不似公园中的柳，此地的柳，至少也有几十年的高龄了，有的甚至是上百年呢。此处的柳，一条条都垂于空中，"柳贵于垂，不垂则可无柳"。柳条长似我们女生长长的黑发，"柳条贵长，不长则无袅娜之致，徒垂无益也"。柳是蝉的好居所，很多鸟也集于此地。长长夏夜不会万籁俱寂,能时时听到蝉唱鸟鸣,这功劳都是树的。

柳,谐音留。"伤见路旁杨柳春,一重折尽一重新。今年还折去年处,不送去年离别人。"古时候的人送好友,送到长亭外、古道边,折下一枝柳,赠予离别人,寓以让此人留于此地,可是这又有什么用呢? 归来时,还是两行清泪流下,那是一种说不清道不明的关系。还记得《相见欢》中的诗句:"无言独上西楼,月如钩。寂寞梧桐深院锁清秋,剪不断,理还乱,是离愁。别有一般滋味在心头。"这种感觉,除非你亲身经历,不然是读不透的。

诗人常常把自己心里想的,描绘到自己的诗中去感叹一番,李商隐就对年华易逝的人生感慨万千,他的《柳》写道:"曾逐东风拂舞筵,乐游春苑断肠天。如何肯到清秋日,已带斜阳又带蝉。"诗人自伤迟暮、自叹处世的生动写照啊!

历来诗人以柳入诗,却很少有人写到冬柳,而唐代诗人陆龟蒙则不然,他的冬柳写的正是在冬日寒风中零落枯槁的柳,寄寓了诗人自伤的情怀。

在落叶树种中,春天,柳,第一个吐绿。早春二月,乍暖还寒! 二月上旬,柳条始发青,接着就抽出嫩芽。柳,是

细嫩的,柳芽告诉你:春天来了!

五月,柳叶开始变得有些苍翠,虽然还是墨绿,但是比起三四月显然又浓了几分。这个时节柳树要怎么形容才比较妥当呢? 罗列了一堆,突然,灵光一现——"邻家有女初长成"。

人与柳都不中留。诚如某首诗所言,纵然柳有千只手,也留不住春去的脚步。

柳絮飘忽不定,也许是在璟园中徘徊,也许是在思考,思考着:风什么时候来,什么时候走?

我们什么时候来,又什么时候走呢?

燕子与童话书屋

吴芮瑶

　　燕子似乎很少见，但是在武义的汤汤童话书屋，见到一只燕子就不足为奇了。童话书屋的燕子窝在一个不起眼的小角落里，不算大，正好容得下几只小燕子，但是很结实，是用稻草、泥、破布筑成的。记得前几个月来的时候，燕子窝里的燕子还很小，都是燕妈妈每天辛苦地叼来虫子，喂它们吃的。那稚嫩的鸟鸣声，给童话书屋带来了几分生机。小燕子在窝里，只能露出几张张大的尖嘴，偶尔能看见一双双圆滚滚的如黑珍珠般的眼睛。转眼，还在窝里的小燕子，如今已经长上了黑漆漆的羽毛，像穿了一身优雅的西装制服的翩翩绅士。燕子也像企鹅那样，有个白色的肚皮，而燕子最大的特点还是那剪刀一样的小尾巴。

贺知章有诗说得好："不知细叶谁裁出，二月春风似剪刀。"剪刀一样的尾巴，轻巧极了，真像二月的春风那样柔软、舒服。燕子的翅膀很宽很长却不失活泼机灵。

二年级的时候，曾学过一篇题为《燕子》的文章，文章中的燕子描写得那么可爱，没想到亲眼见到的燕子更加纯真。现在燕子长大了，都飞了出去，有了自己的家庭，但是那些燕子不会忘记曾经在这儿的窝。它们不是忘恩负义的坏家伙，还是常来看我们，给我们带来新的、动听的歌。它们在天井徘徊着，看着曾经的老家，叽叽喳喳地回忆着过往的一切。

燕子给书屋带来了别样的生机。我忍不住盯着燕子，想象有一个女孩，骑在一只巨大的燕子背上，带着童年的好奇，向远方出发。前方是未知迷茫的，谁也不知道以后会发生什么，只能顺着风的方向，燕子的方向，一路向前。

蕉下客

金小琰

芭蕉从生发开始,便和美丽的诗意细细密密地结起了蛛网,红了樱桃,绿了芭蕉。待芭蕉稍长大些,叶大栀子肥。之后,梧桐也繁复地抽叶,它仅伫倚窗前,婀娜着自己的姿态,叶叶心心,舒卷有余情。

文人喜在身边养此寓意清新的植物,谓之养性,大抵是给予自己一些无声的提示。兰雅,荷高洁,独芭蕉,既没有寓意傍身,又无甚齐整姿态,似一个醉鬼,一派不羁自在,文人们也便懒于打理(打理了便失了灵性)。醒着打拳,远不如醉时来得酣畅淋漓。芭蕉似乎一直是个中立的个性,就像水一样融入任何东西都能现出其本身自然的味道。种在窗前,房子更是鲜活了。与海棠相伴,海棠的艳也溢出属于好的诱人娇柔,可我却偏爱芭蕉与雨的共奏。曾经有一句"留得残荷听雨声"让我的心颤抖了许久。细雨芭蕉,更是醉眼迷离中的享受。细声巧学蝇触纸,若是暴雨前来赶趟儿,就极似青山落泉。宽大厚实的叶子,盖成接连不断的音响,大自然的声音比琴弦声音更加拨动人心弦。

大大的芭蕉叶有时是扇子,有时又用来遮蔽头顶的骄阳。难得在一本书里,看到以芭蕉为衣的说法,据说还是给仙女穿的。莫不是寂寞文人把它种在窗前,顾盼着从中生出一个仙子来相伴吗?真是个动人的意象。

堆叠而生的叶子自己过着平淡的生活,却因文人滋生出如此多的趣味来,走近了,必有一股灵气扑面而来。蕉下客本是探春的笔名,可我却极力觉得她与芭蕉似双生。探春小有才情,亦通人情,是孔子所言极中庸的人物。芭蕉也是如此,与雨相和不如荷出名,为文人所爱又不如兰讨喜。它只是不露锋芒,干干净净地生活。毛毛虫从叶子身上一点一点、一扭一扭地爬过,鸟儿停在叶的尖头,有时把叶子一下子压下来,又猛地弹回去,被惊得四处胡飞乱窜。一排排的蚂蚁绕上来,悠然自在,难怪许多人会向往与芭蕉住在一起的生活。白墙黑瓦才能衬出它的灵性,若放在精致的欧式城堡里，着实会是一番格格不入的景象。

原来一方水土不光养人，也养芭蕉。

品　荷

楼思语

　　伴着炎炎夏日的蝉鸣，池塘里的荷花也翩翩起舞了。这些慵懒的荷花与荷叶，有着雨水与阳光的呵护，那是一种我们无法想象的滋养。"莲茎上负荷叶，叶上负荷花，故名为荷花。"荷花的"红衣"薄如翼，轻似纱，里头的佛座须更是黄得诱人。曹植云："览百卉之英茂，无斯华之独灵。"荷花是水中的灵芝，览百花之身姿与容颜，是大自然独一无二的恩惠。夹杂在芦苇丛中的一抹粉红色，高于荷叶，更是别有一番景致。水面上泛起的圈圈涟漪不是雨水在作怪，而是居住在水中的水蚊子在作怪。

　　风吹着柳条，往天上看去，一块乌云正当头。"风声、雨声、荷花声，声声入耳。"这次的涟漪不是水蚊子在恶作剧，而是天公。雨淅淅沥沥地下着，风徐徐地吹着，池塘里的荷花舞着。雨下着，荷花的香味更让人有些羡慕，那味儿是清幽的、淡雅的。可这雨却有些令人闻风丧胆，不知什么时候停，与"凭轩卧听雨荷声""小楼一夜听春雨"是截然不同的景致。雨中的荷花与荷叶更是妙不可言，雨打着花瓣与翠绿色的荷叶，露珠在叶片上舞动着，停都停不下来。它们在与天上的风、雨、雷、电斗舞，这难免有些太过激动了吧！见了此情此景，心中不免有了些波澜。风雨交加，荷花与荷叶在雨中的景与情，是难以比拟的。如此景致，与秋天有些相符，柳叶不断地往下落，瑟瑟的风，把浮在水面上的荷叶吹得有些零落，四处乱漂，也许，还会把那一簇簇的荷花花瓣打落到水面上，难免可惜了！风把清香吹跑了，春去秋来，不过又是哪一世的悲伤。可是，雨荷无言，无怨亦无悔，"荷尽已无擎雨盖，菊残犹有傲霜枝"。

北宋理学家周敦颐就赞誉过如君子的莲花："出淤泥而不染，濯清涟而不妖。"她，虽从淤泥中长出来，却不沾染污秽，在清水里洗涤过但是不显得妖媚。

人们不会去注意那种不美好的事物，就如同这荷花一般，虽然从淤泥中生长出来，但还是亭亭玉立，似佳人一般屹立于水中，分外显眼、高挑。早在三千多年前的《诗经》

中，便有将荷花比作美女的记载。《国风·陈风·泽陂》中云："彼泽之波，有蒲与荷。有美一人，伤如之何？寤寐无为，涕泗滂沱。"

长在淤泥之中的藕，虽然藕断了，但丝还留着，故有成语"藕断丝连"。唐初王勃《采莲曲》中有云："牵花怜共蒂，折藕爱连丝。"

天暗了，荷塘旁的杨柳渐渐变得朦胧，荷花仿佛在空中飘荡，飘着，飘着。一阵蝉鸣声，似乎吵醒了荷花与荷叶。夏风吹来，它们又进入了梦乡……

来自荷花的信念

金三易

　　"你在哪儿？洛伊！"小卷高声大喊着。小卷的身旁是一架坠落的飞机。他在飞机出事故时十分镇定，抢到了一把降落伞，跳出了飞机舱门，成为唯一的幸存者。

　　飞机坠落在一个美丽的山谷中，他降落在一棵树上。好不容易才下了树，又费了一个多小时找到了飞机的残片，又找到了一些食物、工具和材料，搭了一个临时住所。"洛伊，你在哪儿？"小卷又一次大喊起来，没有回应，声音在山中回响，传来许多回声……这时，又下起了雨，帐篷里漏进了许多雨。小卷向外望了望，这是一个没有月亮的夜晚，周围漆黑一片，似乎有动听的叫声传来。可小卷听不到这些，他听到的是野兽的嚎叫声。他一夜未曾入睡，看着一盏飞机上的应急灯发出一闪一闪的光。这是他唯一的陪伴啊！小卷回忆起自己的家乡、亲人、爱人，有了一种甜甜的思念。他咬了一小口应急箱中的压缩饼干，又看了看满天乌云和倾盆大雨。他有些享受这种思念，至少他们还活着，不是吗？为了这点思念，他有了活下去的理由。

第二天，他用一些石头和沙子过滤出一些可以喝的淡水，但回帐篷时却发现有动物的足迹，一大盒饼干只剩下几片，而且留下的几片还都被水浸透了。小卷只好吃湿透了的饼干。这晚他觉得胃绞痛，但这又有什么办法呢？他翻来覆去，变得十分消极，折下一片莲叶，勉强吞了下去，接着不小心碰翻了用小瓶子装的淡水，伸手想挽救，水却已经流干了。小卷开始号啕大哭："为什么？老天啊！你为什么要什么做？"他哭着哭着睡着了。

当他再醒来的时候，已是中午时分。小卷抬头看了看那株荷花，荷叶的茎还在，花却已经枯萎了。小卷又回忆起了自己家人，他想："假如我死了，那他们会怎样啊？"他决定要活下去，不能放弃。

他慢慢走进荷花塘，用手摸出了几节藕和几条泥鳅，然后才上了岸。傍晚时，已经收集到了不少的食物——藕、莲子、浆果、小鱼等。天渐渐黑下去，天气也有些凉了，小卷这才想到要生火。他取出打火石和一些易燃物，欲要生起火来。因为空气十分潮湿，所以即使有火星，易燃物无论如何都点不着。他有些着急了，拼命地敲击两块打火石，终于生起一小团火焰。小卷捂住这一小团生命的火光。他被冻得瑟瑟发抖，一阵风吹来，火团挣扎了几下，熄灭了。他绝望地又一次敲击了打火石，顿时火星四射，易燃物再次点着了。他轻轻吹口气，火焰开始跳动，有了些生命的迹象。他慌忙给它一点一点地盖上干草做的被单和木头做的棉被，火苗开始舞蹈。小卷伸出手来取暖，顺便用一根木条串着藕和泥鳅在火上烤。他的心情好转了许多。他望着月亮自言自语："在山的外边，那人是不是也看着月亮想我呢？"

小卷大吃起有些焦香的泥鳅，觉得万分侥幸。

"这一定是上天要让我活下来。"他想。

一天又一天过去了……

还是没有人来。

小卷总是不敢入睡，怕错过了救援队。吃得有一顿没一顿，有时得好久才能吃到一些像样的食物。他的体力渐渐变得不支了，老打瞌睡，结果过滤水的瓶子因为没拿稳顺水漂走了。情况对小卷越来越不利，小卷想活下去的热

情也被饥饿和干渴渐渐冲淡……

荷叶也开始枯萎了,荷塘开始陷入一片寂静。

"快看,看哪!荷塘边上有个人,他好像还活着。"一位搜救队队员高声喊着,直升机在一片空地上停了下来。这时,小卷的眼皮子粘在了一起,他在心里说:"我要死了,恐怕我的家人也会像这荷塘一般吧!"几个人从直升机上冲下来,用担架把他抬走了。

当他再睁开眼时,发现自己躺在医院的床上,周围立着一朵朵重生的莲花。

院中的桂花

吴芮瑶

瓦瓦村的一个大户主有一幢四合院,院子里种了一棵高大的桂花树。桂花树很高,很大,内心很宽阔。树养久了,便有了灵性,桂花树就和已经在这村里待了好几十年的老宅子成了半个朋友。老宅子很老了,而桂花树风华正茂。

过了夏天,便是秋天。秋天,是桂花树开花的季节,也是最美的季节。花开得金黄,叶绿得像青草。那一阵阵迷人的花香,让大户主一家陶醉在其中。桂花树自己更欢喜,可是想到过不了几天,那一朵朵嫩黄的花就将落在土地上,不禁难过起来。

一天傍晚,老宅子正在和桂花树谈心,突然听到大户主说:"要不我们拿桂花树的桂花来做香料吧?"桂花树心里一惊,想:我的命要尽了吗?

第二天早晨,大户主叫仆人把桂花摘下来。一大群女仆在桂花树下玩耍着,用桂花给自己打扮,似乎完全忘记了自己是来摘桂花的。桂花树看着这些童心未泯的女孩子,心情舒畅极了。差不多到傍晚了,那些女孩子才反应过来,赶紧忙着采桂花。

突然,桂花树看到了一个扶着拐杖的小姑娘,她满面惊喜地看着桂花一朵朵飘下,又突然地黯然低头,让桂花树很过意不去。桂花树向老宅子询问那个小姑娘。原来那小姑娘叫作小翠,是大户主的小女儿。她很喜欢桂花,给自己的布娃娃取名为心桂。可是有一次她不小心出了意外,失去了双腿,再也站不起来了,只能依靠拐杖歪歪斜斜地走几步路。她成天都在想着桂花。于是大户主就想在她生日那天给她一个惊喜,便有了用桂花做香料的念头。桂花树听了,使出全身力量,让花香更浓了。一天又一天,来采桂花的女仆越来越多。不过半个月,香料便做好了。那个装着桂花粉的罐子散发着淡淡的清香。

终于等到小翠生日了。当小翠看到桂花做的香料时,感动的眼泪滚出热烫的眼眶。桂花树也忍不住挥着树叶,发出"哗哗"的声音，像是在回应。全家人都在为小翠的生日而高兴着，唯有桂花树在默默流泪。就在前一天晚上，老宅子对桂花树说："我听见这家宅子的主人说要把你砍掉，做成家具，作为大女儿的嫁妆。"桂花树有些不相信，但是在小翠生日时它又听到了那句话，这已经是不争的事实了。

过了半年，桂花树被砍掉了，只剩下矮矮的树桩。桂花树的树杆被拿去做家具了，一股浓浓的桂花香弥漫在大女儿的新房里。

院子里，再也看不见桂花树的身影。过了不久，老宅子也被拆了，一切都成了往事，新的生活开始了。小翠呢？她一边忧伤着，一边走进了全新的世界。

"光"的一天

吴芮瑶

天亮了，响起了寒蝉的悲鸣。看草地上的嫩芽沾着水珠，"咕噜"一下便落了下来。水边的丛丛芦苇迎着风摇动，像是白色的浪花。白露要到了。

每天的清晨，是露珠小人儿最欢跃的时候。那时，每一种植物上都会有他们的足迹。一朵花，一片叶，一株草，都是他们玩耍的好地方。这些露珠中最快乐的那一滴，叫光。他从来不怕掉进土里，因为进了土里，第二天又"复活"了。

新的阳光照了进来，光起床了。他戴着遮阳帽，穿着运动服，准备去晨跑。光的腿很短，说是跑步，也不算是在跑步，更像是在跳远，从一个草尖上跳到另一个草尖上。

光的劲不是很大,他每跳一格总是要使尽全身的力气;每跳一格,水珠就会不断地掉下来;每跳一格,宽松的运动服都会一抖一抖,那模样总会让人发笑。其他的露珠爱看光跳远,好像光是他们的笑料。然而,光对此并不在意,他还是很开心地跳着,直至太阳真正地升起。

光的妈妈是厨师,光每天都可以吃到美味的菜。对于这一点,其他的小孩都无比羡慕。光每天都会吃很多,也总是不停地打嗝。大家都叫光"打嗝水人",光一来,小孩们都会跑开,带着笑意跟别人说:"打嗝水人来了,快走!"大家嘻嘻哈哈地打闹一番。

光最爱从花瓣上滑上滑下。他有一个小型滑板,是柳叶做成的。光要先站在花瓣的最尖的角上。花瓣有一些湿润,很光滑,可以很好地操纵滑板,只不过用劲大太,自己会被弹出去,幸运时,会落到另一朵花上,再继续滑,可是运气差些时就会进入泥土。光的运气不是那么好,掉进土地的时候总是更多些。落进泥土,代表着只能等待第二天的阳光了。

中午了,几乎所有的露珠都消失了,那代表着他们道晚安的时间到了。明天见,露珠们!

「光」的一天

得水即仙为雅客

金小琰

凌波仙子生尘袜,水上轻盈步微月。

——题记

顾盼生姿,大抵便是水仙了。亭亭静植,低眉颔首惹人怜。粉面美人净面,仅以素纱拢面,反而愈加神秘诱人。雅致的面庞,自赏犹不为过。古人曾以水仙之香熏衣,将其清芳紧贴于身,细闻之以养身心。水仙有俪兰的雅号,却传于意大利,完全无法想象提拉米苏、卡布奇诺与它产于同一国家。古希腊神话里,它是绝世美男,为自己的容貌而死;中国传说中,它却为情而亡。自爱与被爱皆是它。两个异域的故事中,它的死亡都是为爱奋不顾身。在中国语境中,它清高雅洁;在西方古典中,它顾影自怜;古阿拉伯人说，它是灵魂追求。人解花，花亦解人。

　　水仙，有节不如竹；雅致，不若梅；清高，亦不胜兰。而它的凄清纯美，则是含香体素欲倾城；水中的它，是中国画里肆意随性的绝色写意；水上的它，是西画中的细细勾勒，玉质娇颜。天生玉质素娇颜，颔首低眉唯自怜。众花皆艳自独立，俪兰清雅奈何谦。水仙，遗艳自立，步步绝尘，难怪文人墨客总喜将其供于案。他们要走的路，是别人无法抵达的境界。水仙的低头，应是与他们一般心境的思考吧！世人总谓当局者迷，旁观者清。有的时候，水仙的低头仅是为了看清自己。迷糊度日，倒不如它。

　　水仙的绝尘，或许是着眼于自己的独一无二吧。

古韵戏台

金小琰

　　"碧澄澄,云开远,天光皎皎,月月明瑶殿……"面容哀伤的唐明皇漫步月宫,却无暇留恋这天宫美景,一心只想着那"回眸一笑百媚生,六宫粉黛无颜色"的倾国贵妃——杨玉环,连翩翩嫦娥也无法迷住这思念的眼神。望着太师壁上的唐明皇月宫图,我呆呆地出神,暗自为这对因战乱而生死相隔的恋人伤神。俞氏宗祠的古戏台,藏着一个个凄美动人的故事。我坐在长椅上,仿佛听到了锣鼓声声。浓妆艳抹的戏子们,口中唱着婺剧,演唱着一个个喜气洋洋或凄凉伤感的历史故事。戏子们融入了故事,像主人公一样喜形于色或泪水湿衣,这便是人性的善良。我也会为他们喜悦、伤感。这古老的戏台上,是那历史车轮碾过的痕迹:朱红色的柱子,颜色被年复一年地淡化;深蓝中金字的对联,已无法辨清字迹。这最大的戏台上,不论木、石砖,都是那么的心事重重。千百年来,它静静地聆听着每个人的心事。我的心事你能否收下,老了之后再来取。我想看看被历史车轮碾过的样子。漫步戏台,我还依稀可以见到它那富丽堂皇的模样。多年以后,古戏台上,又是一番满是沧桑的新景象吧!

下了戏台,我惊喜地发现一条从石缝中冒出的长长的藤蔓。走过这么多水乡古村的大街,似乎每一幢老屋子,都与绿植分不开。古代的华丽戏台掩盖了绿植的清新,现代的绿植却给苍老的戏台带来一份独有的活力。我与古人,各有遗憾!又在俞源走了一圈,一路上走走停停。此刻只有一句话可以形容,走过的都是路,停下来才是风景。一路回来,却是天公不作美,从小雨变成倾盆大雨。我忽然想起了那戏台,千百年来,它也是像今天这样,淋着雨吧。乌檐泧亮,弥漫着一层水雾,淡淡的雾气,是那么迷人!冰凉的雨丝溅在身上,我也和它一样经历风雨。蓝紫色的牌匾是金黄秀气的三个字——碧云天。"碧云天,黄叶地,秋色连波,波上寒烟翠,山映斜阳天接水……"我想,范仲淹也在为他们的爱情感到痛心吧!

馄　饨

吴芮瑶

　　馄饨，是一种传统小吃，家喻户晓。当今，也有不少人
会在空闲的时间，为家人烧上一碗碗充满亲情与温暖的
馄饨。

　　吃家乡的馄饨，是一种乐趣。那位阿姨总是在那个剧
院门口，烤着烧饼，做着小巧晶莹的馄饨。馄饨并不大，一
口一个正好。而让我难以忘怀的还是那薄薄的馄饨皮，很
软、很柔、很细腻。那时只知道这叫作馄饨，跟水饺很像的
一种食物而已。只会吃，因其味道令我流连忘返。

　　来到武义，才真正见识到了有百年历史传承的馄饨，
知道了馄饨也叫云吞。

　　武义的馄饨真不能与家乡的比，一比，就感觉一个高

高在上，而一个却弱小卑微。这儿的馄饨，专门有个装它的架子，那古董般的架子上的抽屉里，藏着小小的馄饨。那些大师傅每烧一碗就倒进一个抽屉的馄饨，这都是事先数好了个数的，一个抽屉就一碗，不多也不少。馄饨味道也有所不同，肉馅少，馄饨皮多，奇怪的是，味道反而更鲜美。馄饨皮也不像老家那样齐整地叠着，而是各自分散开，显得更加软。只有一丁点肉的馄饨，对我来说百吃不厌，三下五除二，一碗就吃光了。

最让人欲罢不能的，是深入馄饨里面的汤汁，香气充足地融入嘴里，就像含了蜜的黄蜂一样，也像肉少放了的金华灌汤包。

馄饨的来源据说与西施有关。当时吴王得到了西施，天天游山玩水。一次宴会上，吴王对那些制作精湛的菜肴都腻了味，不屑一顾。这一切全被西施看在了眼里，西施就趁机跑进厨房，将面皮和着肉做成一个个像团子一样的点心。将这点心投进沸水中，不过一会儿，点心便浮了上来，西施再往锅里放入调料，端给了吴王。吴王一吃，大大夸赞，便问这是什么东西。西施心想这个吴王如此昏庸，于是随口说："混沌。"后来，这食物便一直传承了下来，并改名为"馄饨"。

　　　　我喜欢这充满回忆的味道,喜欢这有着古老传说的美
食——馄饨。

海之南·海口

我在海南的生活

金三易

在海南的这些日子里，我们第一次过上了"群居生活"。大家分工合作，有人烧菜，有人扫地拖地，有人洗碗，有人上课……将生活安排得挺欢乐、挺充实的。

在这么多天里，最令我吃惊的是妈妈竟然会炒菜，而且炒得很香。吃完之后，盘子里除了油，什么也不剩，这比平常会做菜的人还要厉害很多。因为他们做菜时，盘子里都会剩下许多菜。这是怎么回事呢？妈妈还会煮汤圆、水饺等食物，做好了之后也是诱人的香，真是不可思议。

在刚到的前三天，天气都暖和，我们下海玩过，我享受着海浪一下一下的拍击、一下一下的冲撞，让浪花将我往回送，任冰凉的海水浸泡我的身体。我也试着用沙子埋住

我的身子,看金黄的沙子啊,在阳光下闪闪发光,散发着温暖的气息,用沙子掩埋身体时全身都是暖烘烘的。在沙滩上,有人与我闹过矛盾,可撒下更多的是欢笑。

我尝试了油画,拿起笔时有一种喜爱和喜悦的味道在里边。拿着笔也就有了怪怪的感觉,觉得下不了手,可一下笔,这种感觉就消失了,留下好多的激动,一笔一笔迅速地画,在画盘上疯狂调色,享受着美好的时刻。

还有一个常给我们带来乐子的人物——八棱。他的问题极多,睡觉前,一个一个问,问得我耳朵生泡,回答得我嗓子冒火,只好捂上耳朵对他不理不睬,睡觉去了。可他总是不放弃问问题,缠着我一个个回答。

当然,八棱也很可爱,譬如他的作文中写道:"三姐说:'你为什么不留一点给我吃?'我吃惊,我为什么要留给三姐吃?"三姐看了,哈哈大笑。

我们有几节摄影课。摄影中遇到许多有趣的人,他们或喜欢或讨厌我们拍摄。只要有好的场景,我们通通拍了下来。

我们见到了许多民国时期的标语和建筑,老房子上早已长上植被,也拥有了历史的沧桑感。

尽管如此丰富多彩,我们还是感叹海南的生活似乎太短暂了。

椰

金三易

我从小爱喝椰汁——椰子里的汁。椰子皮呈棕色,小小的,长得像保龄球一样,只有一立方分米左右。壳非常硬,用刀根本劈不开。好在椰子上有三个孔,也能打通,不过要一直用剪刀凿。只要足够耐心,喝到里边的汁不成问题。

小时候喝每个小小的椰子都会细细品尝,细细品味。那时,我们家很少吃椰子,一年也就只吃一两次,所以每次吃都像是吃蜜似的,抿一小口,咂巴咂巴嘴。毕竟吃一回很难得,我往往将果肉也吃得一干二净,两瓣椰子都是个空壳了,这才舍得扔了。

不过在热带,这就是多余的了。到处是老大老大的青

椰,根本不需要小口抿,纯粹是大口大口地喝,就像喝水一般,我甚至都不需要喝水。这儿的椰子不会硬到连刀都劈不开,三两刀下去,三厘米厚的椰子壳就被劈开了。椰子的壳是由纤维构成的,切开的面摸着很粗糙,也有些许刺人。看着它,与小时候吃的椰子的壳有很大不同,它不粗糙,摸着光光的。

椰子汁的味道有些像酒,所以又叫椰酒,但它比酒的味道淡,喝着不是很甜。有些椰汁的味淡些,有一点点酸,和水差不多;有些浓的,一喝兴奋感就上来了,忍不住就会大口大口地喝。这清澈的汁液,怎会有这么多的味呢?

我对椰子有个问题:一个果子中怎会有这么多的水?我想出了一个答案:椰子的种子在没发芽前是水生植物,而且还是没有幽闭恐惧症的,以在汁中游泳消磨时间,直到抵达目的地。

椰子中这一升汁啊,你让我欢喜,让我品味,让我热爱。

留下这一瞬间

金三易

鱼腥味好重。一走进海鲜街,我的第一反应就是这个。一股一股浓重的海鲜腥味涌入鼻子,刺得鼻子直颤。我一向厌恶这种味道,其中夹杂着太多的血、太多生灵快要离去或离去时发出的哀号。我们之所以来这,目的有两个,一是来学习摄影,二是来选购食材。

路上挤得很,吵闹得很,有讲价的声音,有动物叫的声音,还有聊天的谈笑声。街上的石板被磨得很光滑。路上挤时,我小心地护着照相机,但不知怎么的,刚走出一小段,人又像是全散了一般的空,只见一条没几人的空巷通向远方。

在摄影时,我们见到了一个被称为"济公的弟弟"的中

老年人。他好像不会做别的表情，表情的变化只有笑的程度大小。我真想知道他是怎么了，不知是他因为得了某种怪病而只能笑，还是实在过于乐观而笑容满面。我希望是后者。

我将镜头对准他，他很自然地对我笑笑，还向我打招呼。在我按下快门键的瞬间，我永久地用相机记下一个爱笑的老者的面容。这是我记录下的，那么这对我来说就是独一无二的，没有哪张照片和它一样，这就是只属于我的成就。

至于摄影，它需要有极多的耐心。它需要等待，等一只鸟飞来，等一个人走过，或是等待某棵树的成长。你也许会等待一时，也许会等待几天几夜，甚至等上一月又一月，一年又一年。这一切的等待都有独属于等待者的价值。这价值来自最美的时刻——五百分之一秒。晚一点，早一点，也许就让这等待落了空，再也抓不住它了。

可以这么说，摄影的美，在等待中诞生，也在等待中永恒。

一张好的照片可以让人的心灵受到震动。

在海鲜市场，我就是这样，一次又一次受到最细微的生活的震动。

看　海

楼思语

　　脱下鞋子，光脚踩进柔软的沙滩中，向大海走去。海水，当我们在海口第一次见面时，只与她是一个普通朋友。当走进她的怀抱中玩耍嬉戏时，我与她便成了知心朋友。碰到她生气，狂浪大作，像一个发怒的孩子时，我远远地看着她，直到她心平气和。即将离开，终于发现我与她已是骨灰级的闺蜜。

　　蓝，是大海的主打色，是毋庸置疑的主角。波光粼粼的海面上，放眼望去到处都是蓝色，浅蓝、淡蓝、天蓝、靛蓝。更远处的海，还带着隐隐的蓝灰色。大海的蓝，有时似刚出生的婴儿的眸子一样。深深的宝蓝色，带着一种难以用言语形容的美，是圣洁、清澈、纯净的。在充满灵动的

同时，也有一份神秘与庄严。

金，是沙滩与阳光的主体。耀眼的阳光一缕一缕洒在海面上，似深夜中的一颗颗明亮的星星化作一汪晶莹，使大海熠熠生辉。而沙滩的金色更为柔和，金色的线条勾勒出大自然的神来之笔。我想，大自然在给沙滩上色时，一定是酣畅淋漓地挥舞着蘸满金色的大笔。要不，这金色怎会如此浓郁、如此醇厚？

白，是浪花的舞裙。在一望无际的海面上，她们像一个个身披白纱的精灵，散发着属于她们自己的光彩，带着露珠，相聚在海面上，手牵手，跳着优雅的华尔兹。海面就是她们的舞台，海鸟为她们伴奏，游人是她们的观众。这是海的韵律，是大自然永不停息的舞蹈。

摇曳梦幻的蓝、活泼欢快的金、晶莹纯洁的白，似一个个音符。

大自然巧妙地将它谱在同一曲谱上。

只要用心体会，就能感受大自然的奥妙。

北国风光

中国记忆

金弋洋

走进国家博物馆,我们立刻被其宏大的空间所震撼了。比大马路还宽阔的过道里,人群熙熙攘攘,一幅幅巨型的油画、中国画或横或竖展示于高大的墙面、天花板,需要努力仰起脖子才能看到。到处是四通八达的电梯和楼梯,地上地下皆是展厅。我们一时都不知道该往哪儿走了。

试着走进一个展厅,是一些大型油画,《飞夺泸定桥》《开国大典》等,都是新中国一路走来的历史见证。走马观花匆匆看过,我们终于奔向了更为深厚的中华民族的历史深处——古代中国展。一进展厅,我们便被这儿古老悠远的历史气息所熏染了:夏商周秦汉,唐宋元明清,各朝各代的文物比比皆是。我们激动万分,深吸一口气,走进人群,准备去感受每个朝代艺术的高潮,去体会古人有别于今日的一个个辉煌瞬间。

历史翻到了石器时代原始稚拙的那页,展现在我眼前的,是一些简单的石器,多用于打猎。比起我们现在的高科技,这些石器当然不值一提。可将时光倒退一万年,这些石器便是绝世工具了。虽说这些石器并不足以南征北战,却也奠定了之后中华五千年的艺术辉煌。想到这儿,不禁对它们生出几分敬畏之情,而那些早期的智人呢,也值得我们报以敬重之心。

各种石器之中,突然闪现出一条小巧的玉龙。墨绿色的玉,挑不出半点瑕疵。望着这深沉的绿,它越发显得令人捉摸不透,如一汪深深的潭水,外表不过它的浮光掠影,内里却深不见底。站在玉龙面前,仿佛正倾听着玉龙无声诉说着那段石器时代的简史,情不自禁地肃然驻足良久。

恢宏的中华史到了青铜时代,中国古代的第一个王朝——夏朝建立了。华夏的称谓由此而来。九鼎成了帝王权力的象征,艺术开始参与划分区域、阶级,人与人,人与物不再杂乱无章。漫步于一件件青铜器前,如此精美的花纹、细致的雕刻、生动的造型,真是不知该发出如何的感慨了！

历史的古道一拐，进入了春秋战国时期。这是一个在艺术上松而不散、紧而不僵的全新时代，就像孔子所言："从心所欲，不逾矩。"这也是一个在政治上群雄逐鹿的时代，弥漫着刀光剑影。弹指一挥间，便是英雄好汉诞生之际：廉颇负荆请罪，蔺相如完璧归赵，晏子使楚……真可谓"江山代有才人出，各领风骚数百年"。此时的文物，同样绽放着耀眼的光辉，雅俗共赏，文武皆具。看运输凭证，雄浑厚实的篆体，苍劲有力的竹皮；赏冰鉴，科技与文化同辉，闪烁着智慧的光芒。

告别了你方唱罢我登场的战国时代，大一统的秦汉赫然屹立眼前。刀光剑影与惊心动魄依然存在，只是主角从各家变成了一家，秦汉的铁骑南征北战，战无不胜。盛世的荣耀之下，有多少沧桑被淹没在历史滚滚的马蹄之下了呢？一旁的秦兵马俑，一马两卫士令我驻足。士兵穿着厚重的盔甲，手握兵器，端身站立，一匹高大的战马昂首挺胸领头在前，马与人的眼睛里都闪着坚定的光芒，仿佛一声令下，便会撒开四蹄，驰骋沙场。如此庄严的列队，怎不叫人望而生畏？然而历史的发展并没有按照这位伟大的秦始皇的设想向前行进，秦二世而亡，楚汉相争，鸿门宴、霸王别姬……走过诙谐可爱的说唱陶俑,走过挥舞着宽大水袖的陶制舞者,笙歌燕舞中,我的脑海闪过一个个国人耳熟能详的历史故事。"黄沙百战穿金甲,不破楼兰终不还!"秦皇汉武,也是穷兵黩武。战争,始终是笼罩在人们头顶的挥不去的乌云。改朝换代,鲜有和平解决的。隋唐五代与辽宋夏金元展馆的文物,向我们一一诉说着盛世的繁华与没落的哀伤。每一件文物的背后,都站着一个或一群人的身影,它们如此接近又如此遥远,它们如此清晰又如此模糊。每一种色彩的诞生,每一类物件的创造,都像谜一般诱人。我追随着这些谜语的创造者的脚步,缓缓而行,不知不觉,走近了古代中国史的尾声——明清。

瓷器上的色彩陡然绚丽起来。繁复的线条与华贵浓艳的色彩相得益彰,细节精致耐看,整体霸气恢宏。眼前这艘红船,便是色彩与气势完美结合的璀璨精华,纯正的大红铺天盖地、包罗万象,彰显着明清两代人励精图治的雄心,红帆一扬,颇有郑和下西洋的味道,让人不禁想起李白的诗句:"长风破浪会有时,直挂云帆济沧海!"同样闪烁着朱红色光泽的还有清朝皇帝的玉玺。上下五千年的时光里,象征着至高无上的皇权的玉玺,材质色泽、形状大小、所雕刻的花纹各不相同,但权力交接时的惊心动魄如此相似。清朝是满人治理天下，一旁皇帝的玉印却是汉文满文并存。走进故宫，宫殿上高悬的名称也一样满汉同存。我国历来是个多民族大一统的国家，历史给予了我们一次次大融合的机遇。我们的历史由此更为曲折厚重，我们的文化由此更加绚烂多姿。

五十六个民族，血脉相连。五千多年的文明，早已把我们深深地缔结在了一起。我们被汉唐的雄风吹过，也被宋明的雨水滋润过。王朝的悲欢离合，划分了时代的文物的悲欢离合。走出古代中国的展厅，再联想到描绘新中国成立的那一幅幅画卷，心中五味杂陈，恍若做了一场悠长的梦，梦中，祖先二字分外清晰了，中国二字更加意味深长了。

登水长城

金弋洋

走在水长城脚下，抬头仰望，水长城在峰峦雄伟的高山之上绵亘蜿蜒，宛若一条腾云驾雾的苍龙，透出无限的端庄宏伟。这是一段明代修筑的长城，却好似展开了五千年的金戈铁马与沧海桑田。都说"不到长城非好汉"，带着这股激动，我们踏上了长城。

站在长城最高顶，俯视一草一木，忽然觉得又与长城走近了一步，脚底的每一块石头、身边的每一块城砖都刻满了岁月的划痕，染上了岁月的沧桑，我想这中间，每一块石头的来历，都有一段传奇吧。伸手抚摸墙头的一块块城砖，粗糙，古老，包含了古代劳动人民吃苦耐劳的精神以及当时艺术的粗犷之美。这高高低低的城墙历经了多少年的风风雨雨,铭记了多少人的丰功伟绩。一个个太平盛世,离不开边关将士日夜不停的守卫。一代代军人的脸庞,在长城上被吹得黝黑,他们在历史的长河中渐渐模糊了眉眼,有的只剩下名字,有的,连名字也早已不知去向。然而,或许长城记得他们的每一个足迹、每一句话、每一个笑容、每一滴眼泪。他们与长城结成了生死之交,永远的,跨越时空的。

从水长城的最高处顺阶而下,来到水边。水长城之所以名为水长城,便是因为有三处贴着水面,涨潮时,这三段长城甚至会没入水中。其中有一段,已成断壁残垣。那是抗日战争时期,被日本人的炸弹给摧毁的。我们就站在长城的"残骸"边,看它触目惊心地被分成两段,砖石七零八落地散布在水中、岸上。被炸开的长城的横截面,像两道裸露的伤口,无言地倾诉着侵略者的暴行。一边的湖水,波光忽明忽暗,长城的倒影显得有些模糊不清。时间令伤口结痂,杂草从乱石堆中丛生,各种虫子自由来往。虫子的王国里,是否有领土?有征战?它们一定并不知晓这一段长城中令每个中国人隐隐作痛又奋起直追的秘密。幸福来得如此不易,幸福的背后,不光有热血,有勇气,有坚韧,更有"明犯强汉者,虽远必诛"的历史传承。

　　"秦时明月汉时关,万里长征人未还。但使龙城飞将在,不教胡马度阴山。"如今,长城的烽烟已然消散,长城上的每一块砖也早就不能抵挡外敌的侵略,长城化作了一种符号,它是中华民族心中永远屹立不倒的城墙,是每一位中国人誓死保家卫国的宣言!

　　日暮苍凉,夕阳的余晖映着我们远去的背影。回首凝望渐渐远去的水长城,千年的沧桑,仿佛弹指一挥间。作为中国人,我真觉得无比骄傲自豪。我们可以走进更厚重的历史,可以领略更丰富的文化,也一定可以拥抱更美好的明天。

虫趣·蝈蝈

金弋洋

　　知了站在核桃树顶，正高声鸣叫着什么，蚂蚱穿梭于没过我们膝盖的野草间，难以清晰地辨别它们的身影，它们是千里不留行的侠士，偶尔带来几阵疾风。疾风知劲草，旷野任虫鸣，好一个昆虫王国！

　　我们纷纷掏出自己的瓶子去释放忍耐已久的热情，去书写属于我们的寻虫记。

　　平常的我总爱蹦跶，可今日到此旷野，却显得有些不知所措了。看大家都接二连三捉到了各种各样的小虫，唯独我的瓶内空空如也，不觉有些心急，只得眼馋地望向小宗手里收获满满的瓶子，什么蚂蚱啦，蝈蝈啦，知了啦，他的瓶子里样样俱全，就像是浓缩了的大自然的精华一般。

只见他腋下夹着瓶子，弓着腰，弯着背，不出一声大气，一寸一寸向前，很有特种兵暗暗向敌人行进的风范。我靠近小宗，盯住他前头不远处的草丛。嘀，不细看可当真看不出来，这里头可躲着一只黄豆般大小的蝈蝈呢！说时迟那时快，小宗猛然一跃而起，以迅雷不及掩耳之势，快如一道霹雳闪电，一只手直直射向那只蝈蝈，那仅有黄豆般大小的蝈蝈，竟也是如此神通广大，在小宗扑向它的一刹那，凌空而起，向前窜去，准备良久的小宗又岂会让之前的努力付诸东流呢，一计不成又来一计，他将手一转弯，准确地捉住了那只蝈蝈，随即便是一阵惊叫："我抓到了！我抓到了！"脸上还荡漾着抹不去的满足与快乐。

我只好重新寻找目标。小虫是看到了不少，可都是转瞬消失，好不容易又追踪到一只蝈蝈，我连忙尾随而上，可四只眼的我哪有小宗那双鹰眼好使，三两下便被蝈蝈甩了十万八千里。不能气馁啊，我在心里暗暗地给自己打气。约莫十分钟后，终于发现了一只蚂蜢。我模仿小宗的捕法，先神不知鬼不觉地靠近它，可隔着一米来远，便打草惊蛇了。好在蚂蜢只是略微朝前挪了挪步子，我屏住呼吸，蹑手蹑脚地走到蚂蜢面前，向前一扑，微微出汗的手心里，只有一把粗糙的略带锯齿的草。蚂蜢呢？一蹦一蹦，从我面前挥袖而去,我只能眼睁睁地看着而无能为力。我一时真有些泄气了,"草原"之大,昆虫之多,竟无我的用武之处。看来是我捉虫的策略有问题。正反思间,余光一扫,发现草丛中躲着一只颜色几乎与野草相同的小蝈蝈。我决定放弃不三不四的模仿,用自己的方法来捉。我站在距离蝈蝈一米远的地方,打开瓶盖,将整个瓶子朝蝈蝈掷去,瓶子在空中划过一道疾驰的弧线,不偏不倚,压住了它,我立刻冲上前去,趁它昏昏地还没反应过来,手忙脚乱地将它装进瓶子里。

　　将瓶盖小心拧好,瓶盖上有洞,蝈蝈应该不会被闷着。我心满意足地端详着它,它比我想象的还要小,是大自然中的一粒微尘,是沧海一粟,然而它长得那般精致,眼睛、嘴巴、触须、身子、腿,历历分明。我与它四目对视,不由得感叹,自然造物,真是难以言尽的丰富多彩!

素心之履

离离碎叶剪城霞

楼思语

　　京城的夏日，没有耀眼的阳光，只有鸟儿在枝头鸣叫，凉风在身边舞蹈，这才是真正的夏天。风吹过，地上一片缤纷，"罪魁祸首"是风，也是在枝头盛放着的紫薇。

　　记得第一次在故乡的公园里见到这紫薇花，只晓得她不像别的树一般，树干上面粗糙无比，她只有光秃秃的一层皮。那时候就本能地从脑海中浮现出一个观点，她好可怜，只有一层层薄薄的皮，就像一个被饿了很久的人，皮包骨头，手无半点缚鸡之力，又像一个寡妇，带着一群孩子，流落街头。虽说她可怜，但莫名地我对她产生了些许敬仰之情。听人们说紫薇花还有另一个名字为"痒痒树"，我便深究了下去，原来这紫薇花与人一般怕痒，挠她痒时，上面的枝叶摇动，俨然似一个少女，红着脸庞，摆动着身子。可是，有些人不相信世上有如此神奇的事，就拼命地不认可她，就像上级对下级的那种不信任。有些人是拼了命让上级认可他，有些人却因此颓废、消极下去。

紫薇就是那种默默无闻的树，任凭别人怎么说，怎么摸，怎么看，怎么想……

"独占芳菲当夏景，不将颜色托春风。"此句是白居易所写，紫薇花在初夏季节开放，一直开到深秋或是初冬季节，她不与春天的花媲美，而你却能在夏季的一片碧绿中发现她的身影，见到一抹繁盛的花开。她的花瓣不似牡丹月季一般分明，远观是一簇一簇的，近看却又能细细观之。细观她的花，串串成穗，花枝飒飒成舞，似那绣娘织的锦缎一般亮丽，而且还是堆成山似的锦缎，十分抢眼。那份娇羞与柔美，俨然是一道美丽的风景。紫薇花，一朵朵，一枝枝，层层叠叠，花期悠长，微风袭来，花枝抖颤，娇艳多姿，风韵可人。正如诗人杜牧云："晓迎秋露一枝新，不占园中最上春。桃李无言又何在，向风偏笑艳阳人。"那些开着粉色的、紫色的花，以不同的姿态站立在枝头，努力盛开着，从含苞待放的花蕾，到初绽花颜的花苞，再到绽放成娇艳欲滴的花朵。每一朵花只有一次盛开的机会，它们会小心并且认真地对待，绝不容许错过一步，或在那亮丽的枝头错开一朵花。倘若冒冒失失，她会很快烂掉，因为后面想站上枝条的花儿太多了。

"一丛暗淡将何比？浅碧笼裙衬紫巾。除却微之见应爱，人间少有别花人。"白居易反反复复地写紫薇，真是热爱紫薇之人啊！

林中景

金三易

一片在山脉中的桦树林，投下斑斑驳驳的日影，身前是一片翠生生的花海，铺在连绵起伏的草场上，星星点点点缀着草地，好似繁星一般耀眼。

天是那么的蓝，白云便像是绵羊一般温和，给我一种无形的温暖。

翻上一匹带斑点的白马，跟在一匹棕马的屁股后边。那马又是放屁又是拉屎，大半的路都在臭味中度过。

骏马穿行林间，在零碎的阴影中，浑身上下都有丝丝凉意，却又有些伤感，可怜这马只能载人上山消磨大半辈子。

我在伤感中，笑不出声地想着，它是因为喜爱这片桦

树林,才不走的吗?

正思索中,乘马到了终点。这儿只有稀疏的几根细草,红里带黑的土,裸露在地表,上面却密密麻麻地长着桦树。再往上爬些,树便长得歪歪扭扭,一副弱不禁风的模样。粗的树干上有不小的树洞,若树长得歪,洞里便蓄上一汪水。

它们的枝叶并不是特别繁茂,向上瞟一眼,阳光还是有些刺眼的。

若是到了中秋,桦树便更美了,金黄的,火红的,或是嫩绿的,地上会铺着厚厚的树叶,风一吹,便哗哗作响,也会有松鼠来凑热闹。

在冬日,白雪压在枝头,似少女一般妩媚多情。枝上挂着条条银蛇,地上铺着柔软的棉被。

云聚到一块,像要盖上来般,一副故作凶悍的样子。

桦皮岭给了我无限的遐想与回忆。

日　出

王韵涵

太阳,光明而温顺。它的光芒更是让人觉得温暖、夺目。初升的太阳,是不是比日中的太阳更为柔美呢？我在内蒙古见过日出,只那么一次,却也是牢牢地烙在了心里。

从蒙古包里出来,就觉得温度比日间低多了,仿佛是衣服里塞满了冰块,冻得我直哆嗦。早早起了床,向草原另一处走去,听往来的人说,那处的日出最美。抢了一个好位置,把屁股安在黄绿交错的草中,头仰着,眼神飘向灰暗的天空。我痴痴地看了好一会儿,也没见到太阳的身影,正想回去再小憩一阵,呦嗬,发现天越加亮了,我又把头仰起,只见——

灰黄的天空中是一缕又一缕轻纱似的云,密密地布在

一起,仿佛是在此恭候太阳今天上朝的众臣。过了大约二三十秒吧,一道细细的抛物线压过云层,好像一条金灿灿的发带,在追寻着那一缕熟悉的发丝。这道金光渐渐变浓,变亮,如同一根银针,在上下交织着,穿插着,绕过一匹匹布、一团团细线。初升的太阳每一秒都在发生变化。那一道光化的剪子,剪破了紧紧相连的云雾,剪破了夜晚的宁静与昨日的黑暗、苦涩。呼——太阳露出了半个脸颊,泛着害羞的红晕,但并不如同戏剧演员脸侧的腮红一般,它是淡淡的,夹杂着金黄。天也亮起来了。不知太阳是不是在云丛中睡了一夜,迷糊了,光线暗了许多。

在晨曦里,这个耀眼的球形散发着祥和的光,中心是打眼的橙色,从内往外,一点一点地迸射出一束又一束的白光,好像零零星星的白尺子……